社長ダイレクト営業 Zoom

30分の面談だけで
売上140%達成!

MASASHI MINEMURA 峯村昌志

ぱる出版

はじめに

そうか……その手があったか！
これはまさに「セールスの革命」だ。

法人営業のあなたに新たな気づきと希望を与える、
全国の中小企業「社長ダイレクト営業＋Ｚｏｏｍ面談」で
これまでの常識をくつがえせ！

○月△日、東京の私と島根の㈱＊＊＊の□□社長との初顔合わせのオンライン面談。
この日も「本書のメソッドどおり」に、社長とのオンライン営業トークを展開。
すると……

□□社長「なるほどな……ウチの会社に必要だなー」「峯村さん、ワシ、決めた！」
「こりゃ即断即決や！」「これ、来月からフルコースでやる！」

私　「はい。うれしいです。どうもありがとうございます！（満面の笑み）」

このように、「社長ダイレクト営業」による「初めてのオンライン面談」で「新規開拓とクロージング」ができたなら、こんなにうれしいことはないと思いませんか？

2020年のコロナ禍以降、対面営業がやりづらくなりました。長い非対面期間によって、リアル対面を避けて手軽なオンライン面談を希望する顧客が多くなっているのが現実です。

そんな中、コロナ新規感染者が少なくなり経済活動が全開となりつつある今はどうでしょうか。そうなっても、オンライン営業は選択肢として残り、**「リアルとオンラインのハイブリッド営業」がスタンダードになる**と言われています。

ということは、オンライン営業のスキルアップこそが営業成績向上のカギを握ることになるのは間違いありません。

ところで、私はこの本で「オンライン営業の面談相手＝役員クラスや担当者レベル」という、誰も疑わない常識をくつがえしたいと思います。**私が提案するのは、あくまでも「オンライン営業の面談相手＝中小企業の社長」です。**

はじめまして。私は峯村昌志と申します。

私は大学卒業後の二十数年間、広告会社・広告メディアなど計7社の企業で勤務してきました。途中、会社経営に挑んで倒産を経験するなど七転び八起きをしながら営業のスキルを磨いてきました。

しかし、そのころまではトップセールスとは程遠い、フツーの営業でした。

では現在はどういった状況なのか。いまは営業パーソンとして経済研修の販売会社で勤務し、トップセールスとなっています。その流れは次のとおりです。

入社の際、大都市圏の大企業や上場企業にはすでに営業担当者がいて営業先として隙がなかったので、私はやむを得ず「全国の中小企業の社長ダイレクト営業に特化」

したリアル対面営業に集中。すると、その成果はてきめんにあらわれ、営業成績が前年超えをくり返し、年々昇進を重ねることとなりました。

ところが、2020年春先からのコロナ禍でリアル対面営業ができなくなってしまい、数ヶ月間売上ほぼゼロというとても厳しい状態に陥ります。リアル対面ができないと営業はできないのか……！という苦悩の日々がしばらくつづきました。

そこで、私は一念発起します。営業のやり方を大きく転換し、**思い切ってリアル対面営業と決別し、オンライン営業に専念した**のです。

半年間の試行錯誤の末に「オンライン面談30分だけで全国の社長から仕事が獲れる法人営業メソッド」を独自に開発・確立するに至りました。

私のこの営業メソッドは**「社長ダイレクト・リアル対面なし・全国どこでも・交通費いらず・ストレスフリー」などメリットが満載**です。私自身、これを駆使することで**コロナ前と比較して売上を140％にし、新規開拓全国1位、研修セールス全国1位の記録を樹立**しています。

そうです！**「社長ダイレクト営業＋Zoom面談」という手があった**のです！

オンライン営業が苦手なあなた。オンライン営業で新規開拓したことのないあなた。オンライン営業の面談相手がいつも現場担当者レベルから脱却できていないあなた。そして、全国の社長ダイレクトでの初めてのオンライン営業で、いちども会わずに新規開拓とクロージングなどできるはずがないと思っているあなた。

あなたには本書によって営業パーソンとしての常識を大きく変えていただきたい。そして、このメソッドで、無敵の営業パーソンに生まれ変わっていただきたい。そう願ってやみません。

フツーの営業パーソンだった私にできたことがあなたにできないはずはありません。本書では、私が日々実践し、成功してきたノウハウのすべてを惜しみなく公開します。

峯村昌志

30分の面談だけで売上140％達成！　社長ダイレクトZoom営業　もくじ

CONTENTS

序章　なぜ、いまこそ中小企業の「社長ダイレクト＋Zoom面談」なのか

第1章 「全国の社長から仕事が獲れるZoom営業」 企業の発掘・リストアップ篇

第2章 「全国の社長から仕事が獲れるZoom営業」 テレアポ篇

CONTENTS

第3章

「全国の社長から仕事が獲れるZoom営業」
Zoom面談～心構え・事前準備 篇

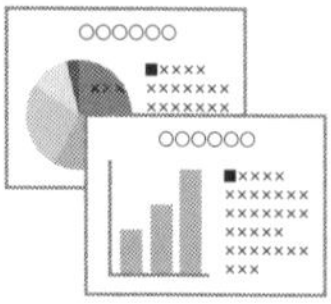

CONTENTS

第4章
「全国の社長から仕事が獲れるZoom営業」
Zoom面談～本番篇

第5章
「全国の社長から仕事が獲れるZoom営業」
Zoom面談～クロージング篇

CONTENTS

第6章

「全国の社長から仕事が獲れるZoom営業」
リピート化とご紹介、関係構築 篇

カバーデザイン　安賀裕子
カバーイラスト　べじこ
本文デザイン・DTP　町田えり子
企画協力　ネクストサービス株式会社（代表 松尾昭仁）
編集　岩川実加

「全国の社長から仕事が獲れるZoom営業」

いまここ

序章　なぜ、いまこそ中小企業の「社長ダイレクト営業＋Zoom面談」なのか

第1章　「全国の社長から仕事が獲れるZoom営業」企業の発掘・リストアップ篇

第2章　「全国の社長から仕事が獲れるZoom営業」テレアポ篇

第3章　「全国の社長から仕事が獲れるZoom営業」Zoom面談～心構え・事前準備篇

第4章　「全国の社長から仕事が獲れるZoom営業」Zoom面談～本番篇

第5章　「全国の社長から仕事が獲れるZoom営業」Zoom面談～クロージング篇

第6章　「全国の社長から仕事が獲れるZoom営業」リピート化とご紹介、関係構築篇

序章

なぜ、いまこそ中小企業の「社長ダイレクト営業＋Zoom面談」なのか

1

「社長ダイレクト営業」はエキサイティング！人格が磨かれて心が通い合う、最高の仕事！

この本を手にとった法人営業パーソンのあなた。あなたにとって「営業」とはどんな仕事だと考えますか？

私の考える**営業とは「やりがいがあり、感謝され、そして楽しめる仕事」**です。

そして、法人営業の醍醐味とはいったい何だと考えますか？

私は断然、「新規開拓」だと思っています。

既存顧客との関係を深めつつさまざまな提案を行い、その都度、顧客と喜びや感動を共有するルート営業も素晴らしい仕事だと思いますが、**私は「未来を切り開いて新たな顧客を創出しつづける、新規開拓営業」に代えがたい魅力を感じる**のです。

法人営業の新規開拓ではターゲットとする企業のどの部署にアプローチをするかが最初の大きなポイントとなります。

提案商材によって異なりますが、ざっと申し上げれば、ＯＡ機器や通信インフラなどであれば総務部、研修商材や人材紹介などであれば人事部か経営企画部、広告メディアや販促コンテンツなどであれば宣伝部、ＰＲ企画やｗｅｂ企画、オウンドメディアなどであれば広報部、設備や部品などであれば、工場長……といった具合でしょうか。

そして、営業パーソンとしては該当する部署を統括する役員（取締役や執行役員）クラスにアプローチして、それがダメなら部長や課長……というのが定石といわれています。

しかし、強力なコネクションでの紹介があれば別ですが、丸腰の新規開拓だと、なかなかこの**役員クラスに風穴を開けることは困難**です。しかも、なんとかしてアポイントがとれたとしても、理想どおりには進捗できません。

たとえば、訪問に至ったとしても肝心の営業案件は軽くあしらわれ、単なる表敬訪問で終わってしまうケース。全社的にリモートによる働き方を推奨していることを理由に短時間でのオンライン面談を指定され、ほとんど意思疎通が図られず終わってしまうケース。そして、案外多いのは、役員とのアポイントをとったはずなのに、当日急用が入ったことを理由に課長や係長が代理で出てくる、というケースなどなど……。

役員とのアポイントをあきらめ部長や課長との約束を取り付けるのも、この階層の人は日常の仕事が激務なためにこれまたひと苦労。たとえ会えても、もちろん決裁権などありませんから、営業案件が立ち消えになるケースが多い……というのが実情です。

ですから、**私は「中小企業の社長一択」「社長ダイレクト営業」を強くおすすめする**のです。

最初から中小企業の社長に直接アプローチして、直々に面談し、そして、堂々と「新規開拓営業」。途中の面倒なプロセスはいっさい排除され、とてもシンプルです。

役員クラスや部長・課長と比較すると、社長との取引ははるかにエキサイティング。相手が社長なので慣れるまではドキドキですが、場数を踏むにつれてだんだんワクワク感が高まってきます。

そのうち、「今日はどんな社長と話ができるだろう」と楽しみさえ実感できるようになり、まさにスリリングな日々が展開されていきます。社長から直接「ありがとう。あなたでよかった」と言われたときには、天にも昇る心地になります。

また、全国の社長には人格者が多くいます。おつきあいが長くなれば人間として学べるところがたくさんあります。仕事で信頼関係を築いていけば、営業パーソンと顧客の関係を超越した「人生の先輩、同志」とさえ呼べるようになります。

まさに、**社長ダイレクト営業は「社長と心が通い合う、最高の仕事」といえる**のです。

2 社長は孤独——常に話し相手（あなた）とあなたからのグッドニュースを待っている

社長は心身ともに激務です。社内での各種ミーティングや経営会議、役員会議、決裁、そして顧客先でのトップダウン営業等々、心休まるいとまはありません。そして企業で最高、唯一の立場。基本的に社長の代わりは存在しません。

そんな多忙な日々を過ごす社長は、会社の外では社長仲間と気楽に飲みに行ったりゴルフに出かけたりして憂さ晴らしができますが、社内では孤独で緊張の連続です。

ですから、**社長は利害関係なく気やすく接することのできる話し相手を常に求めています。**

そうです。**そのひとりが「あなた」**なのです。

あなたは社長にとって外部企業の営業パーソン。もしも仕事が決まればそこで利害関係が成立しますが、そうなる前は気兼ねなく話せる相手です。

社内ではなかなか言えないオフレコの話や、会社のちょっとした悩みごとなどの本音も交えながら、息抜きのひとときを過ごしたいと考えてもおかしくありません。

しかも、あなたは社長の会社にふさわしいと思われるニュース（商品やサービス）を携えてあらわれる。少なくとも悪いニュースではないはず。もしかしたらグッドニュースかもしれないという期待感もあって、**社長は心のなかでは歓迎してくれる**のです。

多少の例外はあるにせよ、このような社長の心の内が理解できれば、あなたも勇気を持って社長ダイレクト営業の第一歩を踏み出せるはずです。

3

日本の企業の99・7%を占め、社長の高齢化が進む中小企業を顧客にする本当の意味

日本にはどれくらいの中小企業が存在するのでしょうか。

中小企業基盤整備機構の最新データによると、日本の全企業３５８万９３３３社のうち、中小企業は３５７万８１７６社を占めます。その割合は実に99・７%。**言ってみれば、日本の企業のほとんどが中小企業**なのです。

中小企業は私たちにとって欠かせない財やサービスの提供を行っています。地域や日本を元気にし、日本経済を支える原動力となっているのは中小企業に他なりません。

ところが、１９９９年を基準として規模別に増減率を見ると、**中小企業数は減少し**

つづけています。

それに加えて、**中小企業の社長の高齢化が顕著となっています**。東京商工リサーチの最新の調査によると、２０２１年の社長の平均年齢は調査を開始した２００９年以降、最高の62・77歳（前年62・49歳）だったそうです。調査開始から毎年、平均年齢は上昇の一途をたどっています。

問題なのは社長の高齢化に伴って業績悪化が進む傾向がみられることです。直近決算での減収企業は、60代で57・6％、70代以上で56・8％でした。また、赤字企業も70代以上が24・0％で最も高く、60代も23・2％でした。

東京商工リサーチは「高齢の社長は一般的に進取の取り組みが弱く、成功体験に捉われやすい。また、長期ビジョンを描きにくく、設備投資や経営改善に消極的になる傾向がある」と分析しています。「この結果、事業発展の芽を自ら摘み、事業承継や後継者育成も遅れ、倒産や休廃業・解散にも直結しやすい」ということです。

しかし、中小企業にとって明るい材料もあります。

世界の潮流は、投資家が力を持ち始めて、経済成長の混乱に拍車をかけています。「物言う株主」の存在です。

（中略） 株主は、配当の最大化を求めて、より多くの配当原資を要求します。**（中略）**
株主への配当原資を増やそうとすれば、従業員の給料・役員報酬など、会社側の人間の取り分が相対的に減ります。

（中略） まさに、現代の経済が「働く人（会社）」と、「働かない人（株主）」に分かれて、企業のパイを奪い合う構図を示している事態となりました。

加えて、時代の変化・市場の変化に対応するために、会社が生き残りを掛けて事業形態や商品構成を変えようとする場合でも、会社側の意図と、株主の意図が、相反する事例が増えています。企業の時価総額という指標が投げかける新たな問題です。

（中略）新しい資本主義は、株式会社の存続形態についての議論にすり替わるかもしれません。その議論が終焉した時、ほとんどの大会社は無くなっています。

大会社は無くなりますが、小さな会社・非上場の会社は生き残ります。個人企業・個人事業主も生き残ります。日本の経済圏は縮小するかもしれませんが、人々が暮らしていく必要最低限の経済規模が確保されれば、低位安定の状態に収束していきます。

（小西昭生『スピリチュアルってなに？』自由国民社、2022年7月刊）

さて、ここで考えてみてください。営業パーソンであるあなたがこれから中小企業を顧客にする本当の意味とはいったい何でしょうか。

それは、**近視眼的・短期的に見れば、いま危機に瀕している、あるいは近い将来に苦しい立場になる恐れのあるおびただしい数の中小企業を元気づけ、応援するため**です。

そして、**俯瞰的・中長期的に見れば、大会社が消えたあとの「新しい資本主義」の下、大きく様変わりした我が国の主役に躍り出る中小企業といまから強いパートナーシップを築いていくため**です。

新型コロナウイルス感染症や、地政学リスクの悪化による原油・原材料価格の高騰、部材の調達難、さらには人材不足などもあり、今後、日本の中小企業の経営環境はよりいっそう厳しさを増していくでしょう。

こうした中で、Ｚｏｏｍによる社長ダイレクト面談に応じてくれる社長は必死に生き残りを図りつつ、次の成長に向けた取り組みを進めようとしている、明るくパワー溢れる社長ばかりです。

これからの日本の産業と経済を支える、そんな中小企業の社長を応援する気持ちで「全国の社長から仕事が獲れるＺｏｏｍ営業」に取り組んでいってください。

4 全国の中小企業ならなんといっても「社長ダイレクト営業」、社長だから即断即決！

法人営業のあなたにとって、大企業や上場企業よりも中小企業が狙い目なのは、単に会社数が多いことだけが理由ではありません。

中小企業なら、担当部署の部長や課長でなく「社長ダイレクト」に営業ができる確率が格段に高くなるからです。

「社長ダイレクト」だと何がよいのか。それは**社長なら即断即決の可能性が高い**ことです。これに尽きます。

社長は会社の最終決裁者。会社のすべての責任を負っています。そして、だからこそ他の誰よりも会社と社員の将来を考えているのは言うまでもありません。

つまり、その会社（社員）にもっとも適切な商品／サービスだと実感してくれれば、

社長はその場で決めてくれるということです。

そして実際のところ、世の中の社長は泥臭い、「直球の営業スタイル」を好む傾向があります。

テレアポを通じて面会。挨拶して雑談。印象のよい営業パーソンからわかりやすい資料を提示され、丁寧に商品／サービスの説明を受ける。そして心にささるセールストークで訴えられて「これはウチの会社（社員）によさそうだ！」と実感し、その場で決断……。

こういう**ド直球の営業。これが社長の望むところ**だったりします。

では、そもそも「社長ダイレクト」「社長による即断即決」のメリットとは何でしょう。旧来からつづく営業の基本的な流れと比較してみると、それが浮き彫りになってきます。

［従来の営業の基本的な流れ（一例）］

❶ 一次面会者（現場担当者もしくは所属長レベル）を訪問。

←

❷ 挨拶〜雑談の中から手さぐりで先方のニーズを訊き出す。

←

❸ 先方企業の社内事情などを鑑みながら、適宜、自社の商品ラインナップをちらつかせ、あれやこれやと商談が展開される（この工程がたび重なることも）。

←

❹ 結果的に企業側のニーズと自社商品が合致する点をすり合わせられれば、次のステップへと進む（決裂すれば、そこで終わり）。

←

❺ 一次面会者の上長へ上申してもらい、フィードバック〜提案内容を調整／変更。そして、さらにその上司へというように、このリピートがつづく。

←

❻ 二次面会者や三次面会者、そして社長に対して各面会者の意向に沿って直接のプレゼンを指示されることもある（ここまで至って不調だったら、そこで終わり）。

↓

❼ そして……合意に達した場合、やっと正式受注。

この❶～❼の全工程で所要1ヶ月間は当たり前。場合によっては各工程が遅々として進まず、半年間に及ぶことすらあります。

その一方で、**「社長ダイレクト」「社長による即断即決」ならば、この❶～❼までの長く曲がりくねった道のりがたった1日（30分間）で済む**ということ。最高の時間短縮効果といえます。「社長ダイレクト」の経験がないとにわかには信じられないかもしれませんが、まさにこれが真実。これが最大のメリットです。

では、その他のメリットも書き出してみましょう。

A「社長ダイレクト」なら、電話の相手（社長）がはっきりしていること（社長名はほぼホームページに載っていますが、担当者名は見当たらないのが一般的なので特定が困難）

B 社長直々だから、その企業の体質が手に取るようにわかること（社長の考えはそのまま社員に浸透します。長いおつきあいをするべき企業かどうかを判別できます）

C いちどの面談で勝敗がはっきりすることが多いためストレスがないこと（担当者レベルとのやりとりだとその都度方向性が変わることがあるため、右往左往します）

D **C**によって時間が浮いた分、新規開拓営業に充てる時間が増えること（売上の上乗せ効果は絶大です）

いかがでしょうか。**「社長ダイレクト営業」ならではの即断即決。これは営業として好ましいこと尽くし**なのです。

5 「社長ダイレクト」なら、Zoom営業がベストな5つの理由とは

ところで、「社長ダイレクト」ならZoom営業がベストです。その理由は5つあります。

1 Zoom営業は場所を選ばず、時間もコストもリアル対面営業よりもはるかにリーズナブルであること

Zoomなら全国どこにいる社長でもアプローチが可能です。そのメリットとして「時間的制約からの解放」「交通費・移動費などのコスト不要」があります。

たとえば、アポイントがとれた社長の会社が地方都市の郊外だとしたら、最寄駅などからレンタカーでの移動が必須になります。つまり、面談するまでに交通費・移動

費（鉄道運賃や航空運賃＋レンタカー使用料＋燃料費）、また、滞在を要するなら宿泊費用などが膨大にかかるということです。加えて、複数の企業を訪問するなら、企業間での移動時間もバカになりません。これは単に運転しているだけのムダな時間の浪費に過ぎないのです。

ところがZoom面談にすれば、それらのコストがまったくかからないばかりか、移動時間がなくなります。

ですから、たとえば1日に北海道～福岡～島根～宮城～富山などあっちこっちの企業の社長にアポをとることによって「全国各地を1日で巡る、Zoomによる社長ダイレクト営業ツアー」が実現できるのです。

2
コロナ禍から長い期間を経て、全国の社長は実はZoom面会ウェルカムであること

コロナ禍以降、全国の社長は誰しもZoom面談に前向きになっています。いまと

なっては訪問よりむしろＺｏｏｍ面談を指定してくる社長が多いほどです。Ｚｏｏｍ面談なら、社長室に招き入れる面倒から解放され、**自宅でも出張先でも、そしてスマホでも対応可能でお気軽な点に社長が気づいた**のだろうと思います。

3 Ｚｏｏｍアポがとれた時点で すでに社長は話を聴く態勢で営業しやすいということ

テレアポでＺｏｏｍ面談に応じてくれる社長には「商品の前振り」を行い、興味関心を高めておきます。商品の詳細には触れず前振りに留めておくのでおのずとＺｏｏｍの際、すでに社長は前向きに話を聴く態勢になっています。ですから、**Ｚｏｏｍでは営業モード全開でいきなり商品説明から始めることができる**のです。

4 Ｚｏｏｍ営業ならレコーディング機能で 映像・音声が残せるので安心・安全であること

営業のあらゆる場面で「言った・言わない」のトラブルが後を絶ちません。第三者がいれば、証人にもなり得ますが、1：1の営業ではそのリスクが付き纏います。

その点、Zoomには録画機能があり、映像・音声を残すことができます。面談の開始時に社長に「社長との面談を記録に残させていただきますのでよろしくお願いします」とさらりと伝えたうえでレコーディングボタンをプッシュ。この**録画効果は「言った・言わない」のトラブル回避で安心・安全**であることのみならず、**適度な緊張感と真剣勝負の空気を生むことにつながり、商談の密度が濃くなる**という効果もあります。

5　Zoom営業はたとえ社長からひんしゅくを買っても「即サヨナラ」ができるからストレスフリーであること

Zoomの時点で社長とはテレアポ〜Zoomのたった2チャンスのコンタクトしかありません。ですから、お互いのことを充分に知ることはできません。ましてや、

世の中にはさまざまな性格、考え方を持つ社長がいます。ときには相性の芳しくない社長と出会うこともあります。Ｚｏｏｍ商談中に社長の機嫌を損ねることもあるでしょう。そういう際にもＺｏｏｍが効力を発揮します。

どうにも修復不能な状況になったなら、「申し訳ございません。今回は失礼いたします」のひと言とともに迷わず「退室ボタン」を押しちゃいましょう。もしかしたらこの**ストレスフリーなところがＺｏｏｍ最大のメリット**かと思うくらいです。

もしもこれがリアル対面営業だったら、と考えてみてください。テレアポを経て会社訪問し、社長室に通され、会話のキャッチボールの末に社長と険悪なムードに陥ってしまい尻尾を巻いて逃げるとしたら、それはあまりにも惨めですよね。

Ｚｏｏｍ営業に取り組むあなたなら、社長とまずい状況になったらすかさず「退出ボタン」のプッシュですべてを水に流すことができるのです。

6 あらゆる業種の商品・サービスで有効「全国の社長から仕事が獲れるZoom営業」の全体像

では、さっそくその全体像をご紹介します。実際、とてもシンプル。あなたもすぐにとりかかることができます。

■準備するもの

❶パソコン～Zoomとパワーポイントをインストールしたもの
❷リングライト
❸ワイシャツ＋ネクタイ（女性なら白いブラウス）
❹スマートフォン～テレアポ用

あらゆる業種の商品・サービスで有効
「全国の社長から仕事が獲れる Zoom 営業」の全体像

1

第1章

企業の発掘・リストアップ

社長と直接 Zoom 面談（営業）が
できそうな企業を発掘・リストアップする。

↓

2

第2章

テレアポ

できるだけ多くの Zoom アポ獲得を目指し、
1 で選定した企業へのテレアポを行う。

↓

3

第3章

Zoom 面談～心構え・事前準備

画面共有するためのパワーポイント作成や
一瞬で信頼を勝ち取るための準備を行う。

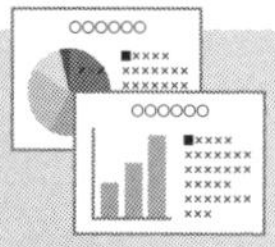

↓

4

第4章

Zoom 面談～本番

社長との Zoom 面談（営業）本番を
フローに沿った流れで進める。

↓

5

第5章

Zoom 面談～クロージング

社長の反応別の対応をマスターし、
確実にクロージングに持ち込む。

↓

6

第6章

リピート化とご紹介、関係構築

社長からの仲間の紹介を引き出し、
長いおつきあいができる関係を築く。

■このメソッドでセールス可能な商品・サービス

この「全国の社長から仕事が獲れるZoom営業」メソッドは、法人営業であればハード、ソフトとも、あらゆる商品・サービスにマッチします。しかも、「社長ダイレクト営業」に特化することで、自社の商品・サービスのUSP（ユニーク・セリング・プロポジション）をシビアに見つめ直す絶好の機会にもなり得ます。

以降、これに沿ってくわしく説明していきます。

「全国の社長から仕事が獲れるZoom営業」

序章 なぜ、いまこそ中小企業の「社長ダイレクト営業+Zoom面談」なのか

▼

第1章 「全国の社長から仕事が獲れるZoom営業」企業の発掘・リストアップ篇 （いまここ）

▼

第2章 「全国の社長から仕事が獲れるZoom営業」テレアポ篇

▼

第3章 「全国の社長から仕事が獲れるZoom営業」Zoom面談〜心構え・事前準備篇

▼

第4章 「全国の社長から仕事が獲れるZoom営業」Zoom面談〜本番篇

▼

第5章 「全国の社長から仕事が獲れるZoom営業」Zoom面談〜クロージング篇

▼

第6章 「全国の社長から仕事が獲れるZoom営業」リピート化とご紹介、関係構築篇

第1章

「全国の社長から仕事が獲れるZoom営業」

企業の発掘・リストアップ 篇

1 「社長にZoom営業」ができそうな企業はこう選べ
——ポイントは社長の存在感の大きさ

従来の営業先の企業選びの王道は、企業の規模、業績、上場の有無、将来性、与信などでした。

もちろん、これらも重要ですが、**社長と直接Zoom面談（営業）ができそうな企業を発掘・リストアップするうえで最も重要なのは「社長の存在感の大きさ」**です。

営業先にふさわしい企業かどうかを見極めるには、最初にその企業のホームページをくまなく眺めます。では、「社長と直接Zoom面談（営業）」をするうえでは特にどこをチェックするのか。

まず、社長名が載っていない企業や社長メッセージのない企業は迷わず除外しま

しょう。こういった企業は大手企業のグループ企業や出資先企業である可能性が高く、その社長は親会社の役員あるいは部長職からの出向であるケースが多いのです。したがって社長（経営トップ）としての意識があまり高くないことは明らかです。

また、会社概要を見てください。ときおり「取締役社長」という肩書の社長もいます。「代表権」のない社長には、「代表取締役」や「代表取締役会長」という経営トップが別にいるということ。やはり、会社の総責任者としての意識が希薄と言わざるを得ません。

では、アプローチするうえで理想的な社長とはどういった社長なのか。

それは、**第一に「創業社長」、第二に「同族社長」**です。

自ら会社を立ち上げた一代目である**「創業社長」は自社への思い入れ、成長への野望や情熱がハンパではありません**。同じ社長でも他の境遇の社長とはまったく意気込みが違います。

次に**「同族社長」**。「創業社長」ほどではないにせよ、**代々続くその会社を未来永劫**

存続しつづけるという使命感に満ち溢れているといえます。

どちらの社長も「会社の未来」「社員の成長」に強い思い入れと危機感があるので「社長と直接Ｚｏｏｍ面談（営業）」をするにふさわしく、決まる確率も高いのです。

「創業社長」なのか「同族社長」なのかはホームページを見ればだいたいわかります。社長名の姓が社名の一部なのであれば、「創業社長」か「同族社長」である可能性が高いですし、「創業社長」なら、ほぼ間違いなく社長メッセージ欄で自分が立ち上げた会社であることを披歴しています。また、会長と社長の姓が同じであれば「同族社長」で間違いありません。

そして、番外篇としては**「ワンマン社長」**です。

「ワンマン社長」は近年、パワハラやコンプライアンスへの意識の高まりとともにめっきり少なくなったものの、社長ダイレクト営業の立場からいえば**「他人の意見に耳を貸さずにその場で即断即決」の可能性がもっとも高い、好ましい営業相手**です。

残念ながらホームページからはワンマンかどうかを知る由はありませんが、絶え間ない社長アポイントをくり返すことで「ワンマン社長」と出会うチャンスをつかむことができます。実際、私はこれまで何人ものワンマン社長と出会い、「歓喜の即断即決」の恩恵を受けてきました。

さらに付け加えていえば、**中小企業情報の入手先として有益なのはホームページのほかに、「マイナビ」「リクナビ」などの新入社員採用のための求人サイト**です。

これらから詳しい情報が得られることはもちろんですが、新卒採用の求人サイトに掲載（投資）するということで、ある一定の財務体力があることがわかります。

ですから、**それらに載る企業の社長も、新たなものを購入したり、導入したりする心の余裕があるので、営業アプローチ先として適する**といえるのです。

2 全国にトライせよ——県民性や地域性の定説を真に受けない、苦手な地域をつくらない

ふたつめの営業アプローチ先の企業選びの際の注意点。それは、**全国あらゆる都道府県、分け隔てなくトライすべし**ということ。

私のように長期にわたってほぼ全国47都道府県での社長アポイントを実践してくると、アポをとりやすい地域ととりづらい地域、クロージングしやすい地域としづらい地域といった、「地域の相性の良し悪し」があるような気がしてきます。

いわゆる「県民性」という概念は昔からあり、あまりにも相性が芳しくないと感じると、このステレオタイプ（先入観、思い込み、固定観念、レッテル、偏見）に頼りたくなってしまうもの。

ここであなたに申し上げておきたい。**「全国の社長から仕事が獲れるZoom営業」**

として成功するカギがここにあるということ。

アポイントやクロージングの成功確率や、社長とＺｏｏｍ面談をした際の感覚などで**自らが得手不得手の地域差を感じたとしてもニュートラルな意識を変えないでほしい。それによってアプローチ先を変えないでほしい**ということです。

つまり、自分で勝手に決めてしまう「苦手だと思う地域」の意識はもちろん、「得意だと思う地域」の意識も禁物です。なぜなら、自然と苦手だと思う地域にはアプローチをしなくなる分、「得意だと思う地域」にのみ集中し過ぎることになり、アプローチ先の企業リストが一気に底をついてしまいかねないからです。

ちなみに、私にも「地域の相性の良し悪し」を感じた局面はありました。しかし、その際には「苦手だと思う地域」の意識を打ち消すために一定期間そこに集中し、しっかりとクロージングに落とし込むことで確実に克服してきたのです。

あなたはぜひ47の都道府県にまんべんなくトライして「全国津々浦々の社長から仕事が獲れる営業パーソン」になってください。

3 電話に出た社員の対応で如実にわかる「社風と品格」
——つきあう企業は直感で決めていい

3つめの営業アプローチ先の企業選びの際の注意点。それは、**明らかに失礼な対応をする企業は即刻、営業対象から除外してよい**ということです。

日々、全国の中小企業へ社長とのZoomアポイントをとろうと電話をしていると、世の中には実にさまざまな企業の電話対応があることを思い知らされます。

■最初から気だるそうに電話に出て、かけたこちらを嫌な気持ちにさせる社員
■社長にかかわってほしいと言った瞬間にあからさまに迷惑そうな声に変わる社員
■社長の代わりに出てきて高圧的に怒鳴った末に取り次いでくれない社員

これらの**電話対応ひとつでその企業の「社風と品格」がはっきりと見え、本質が露わになります**。しかも、現場社員の信じられない電話対応を社長は知りません。電話対応ひとつで会社の評価が決まる。電話とは、非常に怖いものです。

そもそも、私の考える営業とは「やりがいがあり、感謝され、そして楽しめる仕事」。地域を選んでホームページや求人サイトなどで入念に企業を研究し、そして意を決して電話。すると、**電話相手があまりにも無礼な対応や態度だとすれば、やりがいや感謝の前に「営業そのものを楽しむ」ことはできなくなります**。

もちろん、無礼な態度の電話対応をする企業がある一方で、やさしく丁寧、素晴らしい電話対応をする企業も数多くあるのも事実です。

「社風と品格」に問題のある企業は早々に排除して「やりがいを感じ、感謝され、営業を楽しめる企業」との出会いが多くなるよう、ぜひ私と一緒に前向きに取り組んでいきましょう。

重要な差別化ポイント

1 営業する企業選び

これまでの営業の常識

☑会社の規模、業績、上場の有無、将来性、与信などで選ぶ

社長ダイレクト営業の新常識

☑社長とオンライン面談ができそうな企業を「社長の存在感の大きさ」で選ぶ

2 全国どの地域を攻めるか

これまでの営業の常識

☑県民性や地域性を重視して、自分との相性（得手・不得手）で決める

社長ダイレクト営業の新常識

☑47都道府県まんべんなくトライして苦手な地域をつくらない。苦手を克服する

3 企業の「社風」と「品格」にどう向き合うか

これまでの営業の常識

☑電話相手がどんなに無礼な対応でもぐっとこらえてつきあう

社長ダイレクト営業の新常識

☑やさしく丁寧、素晴らしい電話対応の企業と気持ちよくつきあう

「全国の社長から仕事が獲れるZoom営業」

序章　なぜ、いまこそ中小企業の「社長ダイレクト営業＋Zoom面談」なのか

▼

第1章　「全国の社長から仕事が獲れるZoom営業」企業の発掘・リストアップ篇

▼

第2章　「全国の社長から仕事が獲れるZoom営業」テレアポ篇　いまここ

▼

第3章　「全国の社長から仕事が獲れるZoom営業」Zoom面談〜心構え・事前準備篇

▼

第4章　「全国の社長から仕事が獲れるZoom営業」Zoom面談〜本番篇

▼

第5章　「全国の社長から仕事が獲れるZoom営業」Zoom面談〜クロージング篇

▼

第6章　「全国の社長から仕事が獲れるZoom営業」リピート化とご紹介、関係構築篇

第2章

「全国の社長から
仕事が獲れるZoom営業」

テレアポ 篇

1

若者の電話離れ

――社長テレアポをこう再定義すればこんなに前向きになれる

近年、「若者の（固定）電話離れ」が問題になっています。

この若者の電話離れは、個人がスマホを所有するようになったことが要因です。スマホがあればこと足りるために固定電話のある家も減り、ほとんど他人宛ての電話に出る経験をせずに社会人になる若者が増えました。

彼らは普段のコミュニケーションがスマホでのＳＮＳやメールを主体としたテキストでほぼ成立してきたので、「知らない相手と電話で会話を交わす」こと自体に抵抗感を感じているようです。

ではそんな状況で、若者たちにアウトバウンドコール（企業から顧客へ電話をかけるアクション）、しかも「社長テレアポ」などできるのでしょうか。

ここで発想の転換をし、「社長テレアポ」を再定義しましょう。

まず「若者の（固定）電話離れ」の昨今、**テレアポが逆にクローズアップされつつある**ということです。「いま誰もやりたくないのがテレアポ」なのだとしたら、あえてそれに取り組むことで価値が高まるのは自明の理です。

そして次に「社長テレアポ」は**スマホでの普段のコミュニケーションとはまったく別物**と考えること。そうです。「社長テレアポ＝ゲーム感覚」で楽しもうということです。

といっても、もちろん遊び半分で取り組むという意味ではありません。社長テレアポの成功率向上や質的な成長のためのトライ＆エラーを決して苦行とは考えずに、まるでゲームのように楽しむ感覚を持とう、ということです。

その**コツは、テレアポでうまくいかなくても、何か嫌なことを言われても、真正面から受け止めることなく受け流すこと**。

実際のところ、現場担当者とのテレアポよりも社長テレアポのほうがまさにゲームのように変化に富み、刺激的。臨機応変な対応力が高まるため、日々、成長を感じられることは間違いありません。

社長テレアポに慣れてくると、これはもうクセになります。社長とのアポイントでワクワクが止まらなくなります。間違いなく社長以外の方とアポイントをとっても物足りなくなりますよ。

2 社長への初めてのアプローチはメールやSNSではなく、テレアポが最良の方法

法人営業パーソンが新規開拓営業をする際にできる方策には、次のようなものがあります。

A インバウンドコール（顧客や見込み客からの電話を受けること）への対応
B メールでのアプローチ
C SNS（LINEやTwitter、Facebook、Instagramなど）による個人へのアプローチ
D ホームページのフォームからのアプローチ
E 手書きレターアプローチ
F 飛び込みアプローチ
G アウトバウンドコール（企業から顧客へ電話をかけるアクション。テレアポ）

では、この中で社長へアプローチする際に活用できそうで、しかも即効性があって効果的な方策はどれでしょうか？

活用できそうなものは、**Bメールでのアプローチ、Dホームページのフォームからのアプローチ、E手書きレターアプローチ、Gアウトバウンドコール**でしょう。

そして、中でも**即効性があって効果的な方策は、Gアウトバウンドコール（テレアポ）に絞られる**のはご理解いただけるでしょう。

Bメールでのアプローチ、Dホームページのフォームからのアプローチ、E手書きレターアプローチは、むしろアウトバウンドコールでのアプローチが不調に終わった場合に活用されるべきものです。

本書ではアウトバウンドコール（テレアポ）に特化し、その攻略法について述べていきます。

3 大命題 ——社長テレアポは「量」を追求すべきか？「質」を追求すべきか？

結論から先に言えば、**社長テレアポは「量」より「質」を追求しましょう。**

社長テレアポは、量をこなせばうまくいくほど甘くはありません。

社長テレアポは千載一遇の連続なのです。最初から「どうせ確率は低いから偶然引っかかってくれたら儲け物」という考え方は捨ててください。

社長テレアポは「数をこなす」ことに注力しないことです。重要なのは、その「内容の濃さ」です。

テレアポ＝流れ作業ととらえてしまうと、単なる「スクリプト読み」になり、機械

的な話し方になってしまうため電話相手に響きません。

ひとつひとつのテレアポをレッスンととらえ、質を高めるために改善に次ぐ改善に取り組んでいくのです。

話す言葉そのものや話す内容はもちろん、話すスピード、話すトーン、電話相手との間の取り方、話す姿勢など……毎回毎回いろいろ試して最善を見つける努力をくり返してください。

残念ながら「最善の答え」はありません。なぜなら、電話相手はひとりではないからです。

しかしそのうち、この地道な努力が徐々に楽しく思えてきます。そうなれば、しめたもの。あなたの社長テレアポがひと皮剥けた証です。

4 社長テレアポ前のマインドセット
――「いきなり社長にかわってもらえ」「上から目線」でいい

「営業」とは見込み客を探し出し、その見込み客に対して最適な商品の提案を行うことで、顧客を創出することが仕事です。

そして本書での見込み客は「全国の社長」。あなたは「社長ダイレクト営業」です。

社長と対峙するとなると、営業パーソンはいつものペースを忘れて、「へりくだる営業」「ペコペコした営業」になってしまいがち。でも社長は「自信を持っていて堂々としたデキル営業パーソン」から「最良の商品」を買いたいと考えているので、このギャップは大きいのです。

ですから、本書では、**テレアポの時点で大胆不敵にいきなり社長にかわってもらい、直接話してZoomの約束を取り付ける**ことを大前提としています。

営業パーソンはその扱っている商品についてはもちろん、その業界についても豊富な知識を持った「プロフェッショナル」。社長に対して最もふさわしい商品を伝えてあげる、という感謝されるに値する高いプライドを持つべきです。

さらに言えば、あなたは**社長に対してぜひとも「上から目線」で臨んでください**。電話をかけた時点から社長に対して毅然とした態度を取り、余裕感たっぷりで「対等以上」「プロとして社長をリードする」という強い気概で臨みましょう。

社長に気後れしない秘訣。それが「上から目線の営業マインド」です。

あなたのそのゆとりあるオーラが大きな信頼感を醸成し、あなたとあなたの会社の商品をよりいっそう引き立てることになるのです。

5 テレアポは「社長ダイレクト」に限定せよ
——役員や部長なら断る勇気を持て

「社長ダイレクト営業」のための社長テレアポ。当たり前ですが、社長ダイレクトにこだわるなら社長直々にZoom面談をする必要があります。

しかし、かなりの確率で「社長はどうしても無理なので私が代わりに対応します」と取締役や部長、課長クラスが申し出てくるケースがあります。

このとき部長・課長はともかく、**副社長や専務取締役、常務取締役なら、社長の代わりとして不足はないかな、とは決して考えないでください**。

さきほど序章で、「社長は会社の最終決裁者。会社のすべての責任を負っています。

そして、だからこそ他の誰よりも会社と社員の将来を考えているのは言うまでもありません」と述べました。

この観点で副社長、専務取締役、常務取締役の誰しも社長と同じ考えを持っているかどうか考えてみれば、決定的に異なることはおわかりでしょう。**「社長の代わり」は存在しない**のです。

社長以外の誰かが代わりを申し出てきたら、ぜひ勇気を出して「ではまた次の機会にお願いします」ときっぱりと断ってください。

「社長ダイレクト」にこだわりつづけなければ、その成功はないのですから。

6 社長へつないでもらうには「この人なら社長に引き合わせても大丈夫」と思わせること

最初に電話に出た人にとって、かけた側の会社名が有名な会社かどうかなどまったく関係ないのが現実です。**会社名の知名度などよりも、「かかってきた電話が社長にかわるに値するかどうか」の総合的な判断のほうがはるかに重要**だからです。

ですから、むしろ自分が「有名な企業の社員だから取り次ぐのが当然だ」くらいの尊大な気持ちで電話をかけると、出たほうは敏感にネガティブな反応をします。そんな謙虚さのない横柄な物言いの者を社長につないで社長が喜ぶわけがないと考えるので、門前払いを食らうのがオチです。

電話をしてきて、いきなり社長にかわってほしいなどと言う人間などなかなかいな

い中で、**「この人なら社長に引き合わせても大丈夫かな?」「これなら社長につないでもあとで叱られないかな?」と瞬間的に感じる**電話での話し方や話す内容、トーン&マナーが大切なのです。

そして、もうひとつ。**社長にかわってもらうためのキーポイントは「期間限定」「地域限定」「業界限定」などの限定感や特別感**です。

「今月、○○県内の企業の社長さま限定でご案内しています」や「○月□日まで△△業界の企業の社長さま限定でご紹介しています」などが効果的です。

そのように伝えることで、「いま社長に取り次がないともう次はない」と思ってもらえば、即座にかわってもらうことができます。

7 最初の電話相手を介して社長Zoomアポイントをとるのはほぼ無理なのが現実

その場でいきなり社長にかわってもらわなくても、最初の電話相手に主旨を説明し、その人を介して社長Zoomアポイントをとればよいのでは？と思ったあなた。

残念ながら、それでは社長のZoomアポイントはとれません。これでは**驚くほど折り返しの電話が少ないのが現実**なのです。

私の経験則ですと、同じ社長アポイントでも「会社への訪問アポイント」であれば、折り返しの電話の確率は80％を超えます。しかし、**「Zoomアポイント」だと、その確率はせいぜい20％と激減**します。

それはなぜなのでしょうか？

長いコロナ禍を経た中で「Ｚｏｏｍによる社内外とのミーティング」が一般的になっている昨今です。ですから、おそらく社長自身はＺｏｏｍに対する拒否反応はあまりないと考えられます。

しかし、介する社員からすると、「初めての社長アポイントでいきなりＺｏｏｍ面談」というのはあまりにも常識破りなので、社長にその説明をすることを躊躇し、打診すらしない。だから折り返しがないのではないかと推測しています。

つまり、**社長とＺｏｏｍアポイントをとるには「最初の電話でいきなり社長にかわってもらうこと」が必要条件**であるといえます。

8 社長のタイプ（外向型・内向型、営業系・技術系）を瞬時に見分け、話し方をアレンジせよ

社長との電話の場数を積み上げ慣れてきたら、より成功率を高めるためにトライしてほしいことがあります。それは**「社長のタイプに合わせた話し方のアレンジ」**です。

言うまでもなく全国にはあらゆるパーソナリティ、キャラクターの社長がいます。

あなたに取り組んでほしいのは、**その社長のタイプによって話し方を変え、その社長に「この電話相手とは相性が合いそうだ。なんとなく共感を覚える気がする」と感じてもらうということ**です。

そうなれば、社長とのＺｏｏｍ面談の確率が高まることはもちろん、一気に心理的な距離が縮まり、クロージングしやすくなります。

しかし、あなたは思うでしょう。いちども会わずに電話の向こうの社長の雰囲気だけで瞬時にタイプ分けすることなどできるのか？と。

しかし、そう難しくはありません。

ここでいう**「社長のタイプ分け」は、「社長の話し方」から判断した「あなたなりの思い込み」でよい**からです。

社長テレアポの経験を積んでいくと、その社長の話し方――「声の大きさ」「スピード」「たたずまい」で、あなたは社長に対するイメージ（タイプ分け）を瞬時に行っていくようになります。そして、しだいに相手が醸し出す雰囲気に合わせられるようになります。

■「声が大きく、ハキハキと流暢に話す社長」

……元気で活発、ノリがいい。外交的なイメージなので「営業系」。

直感的なものを重視するのではないか？こちらもそれに合わせよう。

■「声が小さめ、ゆっくり淡々と話す社長」

……冷静、かつ理性的で落ち着いている。内向的なイメージなので「技術系」。
論理的なものを重視するのではないか？ こちらもそれに合わせよう。

ざっくりとこの程度のタイプ分けと、こちらの対応のしかたに大別できます。

「電話での話し方だけでその人のパーソナリティ、キャラクターはだいたいわかる」というのが私の持論です。これまでの私の経験では、大きく見誤ったことはありません。もしも面談の際にズレを感じたなら修正すれば済む話です。

ちなみに、ここで申し上げている「社長のパーソナリティ、キャラクター」は、その社長の実態（本質）がどうなのかはあまり関係がありません。あくまでも、**「あなたの肌感覚からくる思い込み」を頼りにする**ということです。

「あなたの思い込みからくる社長のタイプ分け」を加味して、話し方をアレンジしていきましょう。

9 社長テレアポに最適な曜日・時間帯とは

いきなり電話で社長と話してＺｏｏｍの約束を取り付ける場合に最適な曜日・時間帯をお伝えします。

◉社長テレアポに最適な曜日

火曜から木曜が狙い目です。

なぜなら月曜は週の始まりであわただしく、会議が立て込んでいるなどでつかまりづらく、金曜は逆に週末に向かって不在のケースが多いためです。

ちなみに月曜は、社長は出張を除けば在社していることが多いので、1回目の電話でかわってもらえなかった場合、伝言をしっかり残しておけば、2回目の電話では出てもらえる確率が高くなるとも言えます。

◉時間帯

だんぜん午前中です。その会社の勤務時間を求人欄などで調べて、始業時刻から5～15分間がベストタイミングです。

それを越えると、社内ミーティングや来客タイム、外出となってしまい、つかまりづらくなります。

ただし、これは営業系の会社の行動派の社長の場合です。ものづくり系の内向型の社長だと、ずっと社内にいるタイプの社長もいます。

そういった社長は1日中、工場回りをしていることが多いので、時間を置いて電話をすると結構つかまります。

基本的には午後になると、どの業界の社長も外出することが多いため、つかまりづらくなります。

10 社長テレアポにふさわしいトークA
——最初の電話相手に対して

最初の電話相手に対して「話す内容そのもの」の前に留意してほしいことがあります。それは**「雰囲気」「振る舞い」**です。

社長につないでもらうために、第一声でどんな印象を与えればよいでしょうか。それは「きっとこの人は社長の知り合いなのだな」です。そうです。**「まるで旧知の仲であるかのように語る」**のです。

先にNGな振る舞いをお伝えしましょう。それは「へりくだっている」「丁寧過ぎる」「主旨がわかりづらい、長い説明口調」です。

つまり、恐縮してくどくどと長く話していると、電話相手に「よくわからないな」

「こんなにかしこまっているということは社長の知り合いではないな」「この人はいったい誰だろう?」「ただの営業電話だな」というように考える時間を与えてしまいます。

その一方、**「明るく」「テンポよく」。しかも、「適度にゆるく軽い雰囲気」で。そして「短いセンテンスで簡潔に」話す**とどうでしょうか。

「感じのよい人だな」「わかりやすいな」「慣れている様子だな」。そして、これなら「きっと社長とかなり親しい人だな」と瞬間的に思ってもらえ、不思議なくらい簡単に社長にかわってもらいやすいのです。

トークスクリプト

最初の電話相手に対して

START

あなた

お世話さまです～ ○○○社の鈴木です～
本日、△△社長はおいでででしょうか～？

＊明るく、テンポよく、適度にゆるく軽い雰囲気で
＊ここまで一気に流れるように話しましょう

電話相手

- はい。少々お待ちください
  - このまま社長にかわる
- ご用件は何ですか？
- 社長とご面識はありますか？
- 社長はいま不在にしていますけど

あなた

（「ご用件は何ですか？」に対して）
はい。
今回、社長とZoomでの面談アポイントをとらせていただきたいと思いまして

P.77 a へ

（「社長とご面識はありますか？」に対して）

いいえ、それはないのですが、今回、△△社長とZoomでの面談アポイントをとらせていただきたいと思いまして

P.77 a へ

（「社長はいま不在にしていますけど」に対して）
わかりました。
それでは、社長にご伝言をお願いします。
○○○社の鈴木です。
090-5555-5555。
アポイントの件でまた連絡しますとお伝えください。
念のため、お名前をおしえてくださいますか？

P.77 b へ

a

電話相手

はい。少々
お待ちください

**このまま
社長にかわる**

それは
どういった
内容ですか?

b

では、復唱します。
○○○社の鈴木さま。
090-5555-5555。
アポイントの件で、ということですね。
私は▽▽と申します

あなた

はい。このたび□□県に本社のある、○○業界の企業さま限定でこういった活動をしているのですが、まず弊社としてのZoomでの社長直々のご挨拶。そして、「御社にかかわる、新しい○○○(商品カテゴリー名)」に関して、社長から直接、貴重なご意見・ご感想をお聞かせいただきたいと考えております。ご都合のよろしい日時、30分弱で結構ですので、お時間をいただきたいと存じます〜

P.78 c へ

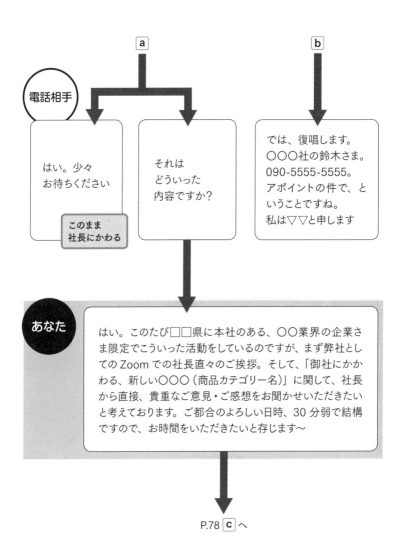

C

電話相手

はい。少々
お待ちください

このまま
社長にかわる

わかりました。
では、社長に確認
のうえこちらから
連絡します

なるほど。
そういうことですか
……では、他の者に
かわります

あなた

ありがとうございます。
せっかくですが、
こちらから電話しますので、
社長にご伝言をお願いします。
○○○社の鈴木です。
090-5555-5555。
アポイントの件でまた連絡します、とお伝えください。
念のため、お名前をおしえてくださいますか?
（以降、同じ流れ）

今回、△△社長とZoomでの面談アポイントをとらせていただきたいと思いまして～
（以降、同じ流れ）

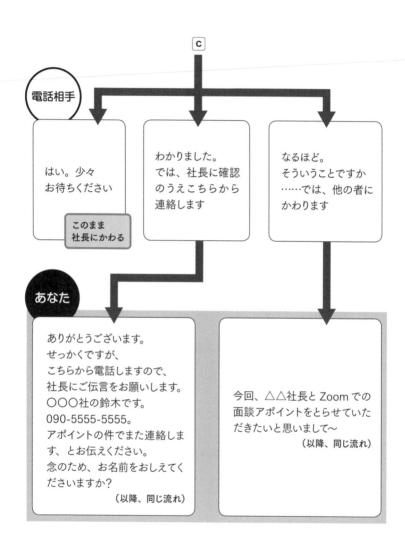

■トークのポイント

◎最初の電話相手から社長にかわってもらわない限り、社長とのZoomは成り立ちません。この関門をどう乗り越えるかに細心の注意を払いましょう。

◎終始、「明るく」「テンポよく」「適度にゆるく軽い雰囲気」で。そして、「短いセンテンスで簡潔に」話すこと。

◎「へりくだっている」「丁寧過ぎる」「主旨がわかりづらい、長い説明口調」はNG。たとえば、「いつも大変お世話になっております」「初めてお電話させていただきます」「……と申します」「恐れ入ります」「たいへん恐縮です」「さようでございますか」などなど。これらの言い回しはすべて「営業モード」が全開で社長と面識がないことがバレバレです。したがって、社長につないでもらえる確率はゼロになります。

◎「本日、△△社長はおいででしょうかー?」と、とにかくさらりと言うこと。こんなに軽いノリで社長にいきなりかわってほしいという人はなかなかいないので、反射

的に社長にかわってもらえる確率が高いのです。

◎用件を問われたら、「社長とＺｏｏｍでの面談アポイント」であることをやはりさらりと言うのが疑問を持たれないコツです。

◎社長不在の場合の伝言では「会社名・氏名・携帯番号＋アポイントの件でまた連絡します」。これも流れるように話しましょう。中にはこの伝言であとで電話をかけてきてくれる社長もいます。

◎「社長とのＺｏｏｍ」の内容を問われた際の「□□県に本社のある、○○業界の企業さま限定」という限定感、「社長直々のご挨拶」という特別感、「○○○（商品カテゴリー名）に関する社長のご意見・ご感想をぜひ……」という貴重なアンケート感が「ちょっとＺｏｏｍをしてやってもいいかな」と思ってもらえるような雰囲気を醸し出します。

11 社長テレアポにふさわしいトークB
——社長にかわってもらったあと

社長にかわってもらったあとの重要なポイントは**「声の大きさ」「話すスピード」「たたずまい」**の3つです。

まずは「声の大きさ」。

電話相手が社長になると、とたんに緊張して無意識に声が大きくなり、上ずってしまう人がいます。声が大きいことは本来悪いことではありませんが、それが過剰だと、社長からすれば電話相手が不慣れで頼りなく感じてしまうのです。

社長の好感度を高めるためには**声量は抑えめ、柔らかめがベター**です。「電話相手に心地よい声」を自分で模索しましょう。

一般的には喉から出す（張り上げる）声でなく、腹式呼吸でおなかから出す穏やかな声が電話相手に気持ちよいとされています。

ただ、自分の声は自分ではわかりません。**誰かに聴いてもらってその印象を確認することが必要**です。ですから、臆せず同僚や家族を相手に練習し遠慮なく指摘してもらうことがスキルアップのカギです。ちなみに、私はいまでも家族を相手にトレーニングをしています。

次に「話すスピード」です。

最初の電話相手には落ち着いてゆっくり話せていたのに、社長になると一気に早口になってしまう人も多くいます。これは電話だと相手の顔が見えず反応がわからなくて不安になるためにそうなるのです。そして、その不安感の中で理想的なトークをしようと思うのでなおさらそうなってしまいます。

これを直すコツは「流暢に話さなければ」「しっかり話さなければ」という固定概念を捨ててしまうことです。社長に対しては、**文言や語句ひとつひとつをゆっくり発**

音するように意識して話しましょう。「ゆっくり過ぎるのでは？」くらいのスピードが電話で社長にちょうどよく感じてもらえると思ってください。

このように**「声の大きさ」「話すスピード」が適度であることによって、社長に対して適切な「振る舞い」ができるようになります**。そうなれば「ただの売り込み」には見えなくなり、ちゃんと話を聴いてみようかな、という感情が社長に芽生えてくるのです。

そうなるためにはとにかく「場数」と「慣れ」です。多くの社長アポイントに取り組み、録音しながら客観的に分析する。トライ&エラーを経てその都度、改善をくり返す。そうすればおのずと「社長にふさわしい電話トーク」のスキルが身につきます。

社長との電話で大切なのは「話す内容そのもの」よりも「話し方」。これをしっかりと肝に銘じてください。

トークスクリプト

社長にかわってもらったあと

START

あなた

お世話さまです〜。○○○社の鈴木と申します〜
本日は△△社長と 30 分ほど、Zoom での面談を
させていただきたいと思いまして電話いたしました

＊明るく、テンポよく、は最初の電話相手と変わりませんが、
社長に対しては「適度にゆるく軽い雰囲気」から、
「歯切れよくキビキビした雰囲気」に変えましょう

↓

社長

Zoom の内容は何？

↓

あなた

はい。このたび□□県に本社のある、○○業界の企業さま限定でこういった活動をしております。まず弊社として社長直々のご挨拶。そして、「御社にかかわる、新しい○○○（商品カテゴリー名）」に関して、社長から直接、貴重なご意見・ご感想をお聞かせいただきたいと思っております。

↓

社長

そういう話だったら、私ではなくて、総務部とか人事部とかの○○○の担当部署が対応すればいい話だと思うけど

↓ P.85 a へ

忙しいし、
興味がないね……

↓ P.85 b へ

あなた

a

もちろん、担当役員さまや総務部長さまがご同席されるのは大歓迎ですが、今回はなによりも社長に直接ご挨拶をさせていただくのが第一目的でして……。ぜひお時間をください

b

今回、社長のお役に立つ「最新の御社の業界動向」のお話もさせていただきます。ぜひともスキマ時間、お時間をください

社長

わかったよ。
30分だけね。
で、いつがいいの？

Zoom日時を決める

いまは忙しいから
難しい

あなた

このたびはありがとうございます。最後に社長、一点だけお聞かせください。いま御社にとって○○○（商品カテゴリー名）に対する課題ってあったりしますか？

P.86 c へ

わかりました。
では、いつごろまた
お電話しましょうか？

＊しつこく食い下がりつづける

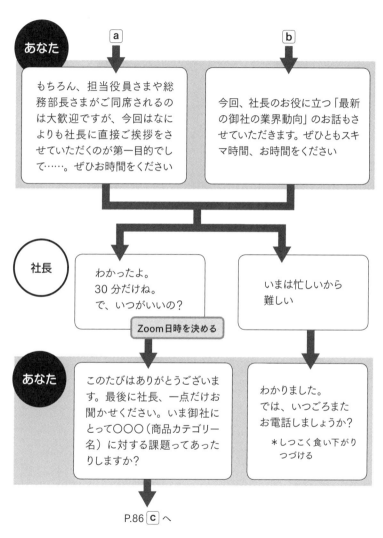

C

社長

そうだな……。

いま使っているものは長年つづけていて、そろそろ見直しを考えようとしていたところなんだよね

課題ねえ……。
とりあえず現場からは不満の声は上がってないから問題ないとは思うけどね〜

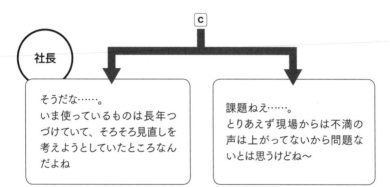

■トークのポイント

◎「社長さま」と崇めるように「さま」をつける営業パーソンがいますが、卑下する営業に社長は頼もしさを感じることはありません。「社長」に統一しましょう。

◎御社に連絡した理由、選ばれた理由……「□□県に本社のある、○○業界の企業さま限定」「御社にかかわる、新しい○○○（商品カテゴリー名）に関して」をはっきりと示します。

◎社長直々でなければならない理由……「社長直々のご挨拶が第一目的で誰も代わりにはならない」「社長から直接、貴重なご意見・ご感想が聞きたい」ことを強調します。

◎特に「社長から直接、貴重なご意見・ご感想」と言われると、社長は営業でなく「リサーチの一種」ととらえますので有効です（しかも、決して偽りにはなりません）。

◎「忙しいし興味がない」への対応……「社長のお役に立つ最近の御社の業界動向の

お話も」と強調します。

◎「それでも忙しい」への対応……では、いつだったらよいのか食い下がってみましょう。ここで「今月も来月もずっと忙しい」などと言われたら引き下がりましょう。「最新の御社の業界動向」に興味関心を持たない社長に問題意識は乏しい＝商談に値しないと判断せざるを得ないからです。

◎「一点だけお聞かせください。いま御社にとって○○○（商品カテゴリー名）に対する課題ってあったりしますか？」という問いかけの効力……社長の答えを額面どおり受け止めるのは早計です。ただこのとき、**社長の心の中に「課題／ニーズの顕在化↓興味喚起↓Zoomへの期待感」が湧き出てきます**。これが非常に有効なのです。

社長によっては「課題」という文言に敏感に反応し、Zoomまでに社内ヒアリングをして状況確認をしたり、Zoomに担当部門の役員や部門長を同席させてくれたりします。営業する側としては思いがけず好ましい環境が整うのです。

12 Zoom日時を決める際の重要なポイント

Zoomアポイントをとる際に、できるだけ日時の選択肢を多く提示したほうが良心的と考える営業パーソンは多くいます。

たとえば、「○月△日の午前、あるいは○月△日の午後、○月△日の午後などいかがでしょうか？」などという問いかけです。しかし、**これでは選択肢とその幅が多すぎて相手を悩ませるどころか、せっかくその気になった気持ちを揺るがせるだけ**です。

しかも、「デキる営業パーソン＝超多忙」と社長は考えますから、**そんなにヒマを持て余している営業に魅力を感じません**。

ですから、ここでは「では、○月△日の10時～11時半の間か、○月△日の15時から16時の間のいずれかで30分間だけ、いかがでしょうか？」というように**あえて「狭い時間帯の二択」で提示しましょう。**

社長は社内会議も来客も多いですが、このようにあなたからたった2つの選択肢のみを出されると真剣に「なんとか時間をつくろう」と瞬時に考えるのです。

その二択がすでにどうしても外せない用件で埋まっていたとすると、こんどは社長のほうから「では、○月△日の13時から15時の間ではどうだろう？　なんとかならないか？」というふうにこちらが優位に立つことができます。

このように、**Zoomの前のテレアポ～Zoom日時を決めるときから「社長に媚びることのない、対等な関係づくり」「社長とのZoomでの成功への道」が始まっていく**のです。

13 外出先からのZoomをリクエストされた場合の重要なポイント

社長とのZoom面談は、いまや社長室や会議室にいないとできないものではなくなりました。

比較的Zoomに慣れている社長だと「ぜひ話を聴きたいが、しばらく出張がつづくので会社からでなく外出先でZoomをしたい」というようなリクエストがあります。そしてその際、**社長側のデバイスがパソコンでなくタブレットやスマホになるケースが多くなっています。**

もちろん、相手は話を聴きたいと言っているのでそれでも大歓迎なのですが、ここで注意すべきことがあります。

それは、**面談時間と、閲覧してもらうパワポなどのファイルのテキストの大きさ、**

そしてフォントの見やすさです。

通常のＺｏｏｍでの商品説明の時間が15分なら長くとも10分に短縮しましょう。

また、テキストの大きさは通常が22 pointほどなら28 pointまで大きくしてください。そして、フォントは視認性を重視、たとえばMeiryo UIなどを使用しましょう。

つまり、**会社のパソコンから見てもらうパワポと、外出先のタブレットやスマホで見てもらうパワポはまったく別物にしたほうがベター**だということです。

外出先でのパワポはあわただしい中で相手に閲覧してもらうということに想像力を働かせ、できるだけ短く簡潔なつくりで、デザイン性やカッコよさよりもシンプルさ・見やすさに注力してください。

ちなみに、私の経験では外出先でのＺｏｏｍのほうが相手は集中して話を聴いてくれやすいので通常のそれよりもクロージングの確率が高いです。ですから、外出先だからといって決してあきらめず、手を抜かないことをアドバイスしておきます。

14 テレアポがどうしてもNGなら
——コールドメールかFAXを使い、ひたすら待つ

どう手を尽くしても社長にかわってもらうことも、社員を介してアポイントをとることもままならないことがあります。それでもどうしても潔くあきらめることができない企業の場合はどうすればよいのでしょうか。

知り合いではない、心が通わない相手にいきなりメールを送ることを「コールドメール」といいます。**主に経営者や著名人などにコールドメールを送ってみると、思いがけずアポイントがとれるケースがあります。**

電話相手に「(取り次いでくれないなら)せめて社長のメールアドレスをおしえてほしい」と言ってみる。ただし、実際おしえてくれる可能性は高くありません。

それがダメなら、ホームページの問い合わせフォームへのメールです。しかし、このフォームへのレスポンスはあまり早くはありません。また、中小企業だとそのフォーム自体がない会社も少なくありません。

そしてもうひとつ。ややオールドなやり方ですが、意外に有効な方法。それは**「コールドFAX」**です。そうです。社長宛てのいきなりのFAXです。商品のエッセンスを大きな字でシンプルにわかりやすく網羅した、A4のペライチをいきなり送信するのです。

コールドメールもFAXも、送ったらあとは先方からのレスをひたすら気長に待ちましょう。時間はかかるかもしれませんが、もしも連絡があったならそれはコールドでなく、ウォーム（温かい）なレスポンス。すでに期待値が高くなっています。

15 よくある失敗例とは
——テレアポと電話営業の混同、テレアポと面談者の分業など

テレアポと電話営業。これを混同しないようにしましょう。

「テレアポ」は商品紹介をせず、概略だけを話して面談へと誘導するのが目的。一方、「電話営業」はその名のとおり、電話だけで商品紹介〜クロージングまで至らせる営業手法です。

営業パーソンが陥りがちなのが、最初に電話に出た相手に「テレアポ」「電話営業」いずれも中途半端に終わってしまうケースです。

社長につないでもらうことを目的に電話したのに、最初に出た電話相手が一枚上手で「社長と話したい目的は何ですか?」「社長にどんな話をするのですか?」「社長に

どんな商品の話をするのですか?」と矢継ぎ早に訊かれて、ついつい商品説明をしてしまう。

その結果どうなるかというと、「なるほど。だいたい主旨はわかりました。では、それについて社長に話して必要ならばこちらから連絡します」と言われてしまいます。こうなると、電話がかかってくる確率は激減します。折り返しの電話が来る可能性はほぼないと思って間違いないでしょう。

ですから、**「テレアポ」は「面談へ誘導するまで」と堅く心に誓いましょう**。最初の電話相手はもちろん、電話越しに社長からくわしく商品内容の説明を求められても「それはＺｏｏｍで資料をご覧に入れながら説明します」とはっきり言うことです。

もうひとつ。「テレアポと面談者の分業の是非」についてです。

アウトバウンドの営業会社で多いのが、「テレアポする者」と「実際の面談者」を分けるケース。たとえば、アウトバウンドコールが女性のきれいな声で、「女性だし、

まあ話を聴くだけならいいかな」と軽く考えていると、面談当日にはベテランの男性営業が現れ、面食らうケースがあります。

私は決して性別や年齢のことを言っているのではありません。私は**顧客にコンタクトする営業パーソンは電話であれ、面談であれ、あるいはクロージング後のフォローであれ、原則的にすべて同一人物であることが当然のマナー**だと考えているのです。

もちろん、専門性の高い説明など、営業パーソン単体での対応がむずかしい局面では、担当部署に直接応じてもらうケースはあるでしょう。しかし、その場合も単に当該部署に一任するのではなく、同席するなど営業として首尾一貫して見守ることが必要だと思います。

そして、営業相手が社長ならば、なおさらです。

「テレアポの電話をかけた人」と後日、「面談をする人」が異なる人物だとしたら、社長に好印象を持ってもらえるでしょうか？　その会社を信用・信頼できるでしょうか？　それは火を見るより明らかだと思います。

16

社長テレアポ成功のカギは、完全にあきらめないこと

——またいつかチャンスは訪れる

経験を積み重ねていけば社長テレアポの成功確率は高まっていきます。しかし、どうしてもうまくいかない企業（社長）が存在することも事実です。

ここで申し上げておきたいこと。それは、**「どうやってもうまくいかないとしても、完全にはあきらめない」**ということです。

それは、「そのときたまたま社長が忙しかっただけかもしれない」「ずっと不在だと言われて門前払いだと思ったら、本当に出張つづきだったのかもしれない」からです。

実際、私もある企業の社長アポで何度トライしてもアポが叶わなかったものの、時を変えて改めてトライしたら過去がうそのようにスムーズにアポがとれたケースが少なくありません。

時が変わって社長が交替すればゼロからのスタートになり、アポイントの可能性が大きく広がってきます。現社長にけんもほろろに突き放されたとしても、新社長になったら情勢が様変わりすることはいくらでもあります。

「社長ダイレクト営業」で成功しつづけるためには**「完全にあきらめる」「こちらから白旗を揚げる」ことを決してしてはならない**ということ。「またいつかチャンスは訪れる」のです。

重要な差別化ポイント

1 どうやって社長とアポをとるのか

これまでの営業の常識

☑ 秘書などに社長アポを依頼して、折り返しの電話をひたすら待つ

社長ダイレクト営業の新常識

☑ **テレアポの段階で社長にかわってもらい、Zoomの約束をとってしまう**

2 社長アポの際の最初の電話相手への対応

これまでの営業の常識

☑ 社長につないでもらうのだから、丁寧にくわしく主旨を説明してかわってもらう

社長ダイレクト営業の新常識

☑ まるで社長と旧知の仲のように、明るくゆるい雰囲気で即座にかわってもらう

3 社長にかわってもらえたそのあとは

これまでの営業の常識

☑ オンライン面談の目的を説明してZoomアポがとれたらそれでOK

社長ダイレクト営業の新常識

☑ Zoomアポに加え、課題やニーズを探ってオンライン面談に期待感を持たせる

「全国の社長から仕事が獲れるZoom営業」

序章　なぜ、いまこそ中小企業の「社長ダイレクト営業+Zoom面談」なのか

▼

第1章　「全国の社長から仕事が獲れるZoom営業」企業の発掘・リストアップ 篇

▼

第2章　「全国の社長から仕事が獲れるZoom営業」テレアポ 篇

▼

第3章　「全国の社長から仕事が獲れるZoom営業」Zoom面談～心構え・事前準備 篇　いまここ

▼

第4章　「全国の社長から仕事が獲れるZoom営業」Zoom面談～本番 篇

▼

第5章　「全国の社長から仕事が獲れるZoom営業」Zoom面談～クロージング 篇

▼

第6章　「全国の社長から仕事が獲れるZoom営業」リピート化とご紹介、関係構築 篇

第3章

「全国の社長から仕事が獲れるZoom営業」

Zoom面談

心構え・事前準備 篇

1

そもそも社長の頭の中はどうなっているか、いつも何を考えているのか

「自社になんらかのメリットをもたらしてくれる話」を最も聞きたいのは、言うまでもなく社長です。

なぜなら、**社長は四六時中、会社のことばかり考えているからです。いっときも頭から会社のことが離れることはありません。**私もかつて会社を営み、苦しみの日々を送っていたのでよくわかります。

中小企業の社長の頭の中。それは……

どうしたら売上が伸びるのか？

どうしたら利益が増えるのか？

どうしたら経費を削減できるのか？
どうしたら生産性が上がるのか？
どうしたら社員のモチベーションが上がるのか？
どうしたら社員が成長するのか？
どうしたら円滑な資金繰りができるのか？
どうしたら銀行から充分な融資を受けることができるのか？
どうしたら倒産しない強靭な財務環境をつくり、会社が存続～繁栄するのか？

これらを踏まえ、**社長は面談する営業パーソンの年齢・会社の知名度・規模などよりももっと現実的な喫緊ごとをシビアに重視します**。

すなわちそれは、その営業パーソンが「自社（社員）に対して明確なプラス要素を与えてくれる情報や商品を提供してくれるのか否か」、「わざわざ時間をつくって会うことがいまの自分にとって本当に有益か否か」が判断基準だということ。

このことを充分に念頭において社長ダイレクト営業に向き合ってください。

2 一瞬でどう信頼感を築くか
——Zoomカメラの位置、バーチャル背景、ライティング、服装

営業パーソンに求められるのは「デキる」ことに加えて「信頼感がある」ことなのは言うまでもありません。

あなたは初めてのＺｏｏｍで**一瞬のうちにデキる営業パーソン、かつ信頼できる人間に見せなければなりません**。それは「画面に映るあなたのたたずまい」で決まります。逆にいえば、**画面上の演出だけでそれをアピールできる**のです。

まず、**カメラの位置（角度、あなたからの距離）**。これがもっとも重要です。これが最初にあなたの印象を決めます。といっても外付けのカメラを買う必要はありません。パソコン内蔵のカメラで充分です。

Ｚｏｏｍでのオンライン営業でパソコンの四角い画面に映るあなたの映像。**最適なのは「バストアップ」。**これに限ります。履歴書や運転免許証に載る「証明写真」をイメージしてください。

気合充分の顔の「どアップ」も、あなたが小さくなる「引き」も、営業シーンにはふさわしくありません。前者は圧迫感満載で相対する社長に精神的プレッシャーをかけることになりますし、後者は逆に控えめな印象を与えて自信のない営業に見えてしまうからです。

次に**背景も重要**です。自宅の部屋そのままのリアルな背景の人がもっとも多いですが、Ｚｏｏｍ慣れしている人は海外の街並みやお花畑、宇宙空間などの景色、邸宅やカフェの風景などのバーチャル背景が多いようです。他にいわゆる「白い壁面」「ぼかし」の人も結構います。

ひとつひとつ掘り下げてみましょう。

「自宅の部屋そのままのリアル」や「邸宅やカフェの風景」。そこに映る家具や調度品、オブジェ、趣味の品の数々があなたのイメージを特定します。そのイメージが果たしてZoomの向こうの社長と合致するかはわかりません。また、そのリアルな風景が貧相だとすると生活感が漂ってしまい「デキる」ようにはまったく見えないおそれがあります。

「海外の街並みやお花畑、宇宙空間などの景色」。それらはリゾート感やバカンス感が醸し出され、仕事モードや営業モードとは程遠いです。また「ぼかし」も中途半端に見える背景が集中力を削いでしまうので、いずれもオンライン営業にはふさわしくありません。では「白い壁面」はどうか。白くて無表情、まったく主張のない背景も味気なく映ってしまうのでおすすめしません。

「デキて、信頼できる営業パーソン」に見える背景とは何か。それは「書棚」です。書棚の背景が知識欲旺盛でクレバー、前向きな営業パーソンの印象を決定づけるのです。

しかも**リアルな書棚でなく「洋書が並ぶバーチャルな書棚」がベター**です。実際の書棚だと相対する社長は並んでいる本がどんなジャンルやテーマの本なのか興味津々になってあなたの話に集中できなくなるからです。

さて、せっかく素敵な背景でも肝心のあなたが暗く映ってしまっては本末転倒。明るく元気なあなたをアピールするために**「リングライト」は必須**です。光が反射しない程度まで豊かな光量にしましょう。さらにいえば、光があたる顔の肌の状態も常によくしておくことを心がけてください。

最後に服装。あなたは「デキて、信頼できる営業パーソン」です。それならば、春夏秋冬、**迷わず「ワイシャツ＋ネクタイ（女性であれば、白いブラウス）」がふさわしい**のは間違いありません。もちろん、**ジャケットを着用すればベスト**です。

在宅でのリモート勤務だからと普段着や開襟シャツで問題ないだろうと考えるのは軽率な考えです。なんといっても相対するのは社長。かしこまった気持ちの体現を忘れてはいけません。

留意点としては、ワイシャツとネクタイの形状と色。**ワイシャツは白色、かつ襟はボタンダウン以外がベスト**です。なぜなら、白以外の色やボタンダウンはカジュアルなものとされているからです。

また、**ネクタイは紺色など地味な色で無地のものを選んでください**。Ｚｏｏｍに映るネクタイはリアルよりも過大に主張してしまうからです。色が派手なものや模様のあるネクタイだと、その印象度が強すぎてあなた自身のアピールを妨げてしまいます。

3 Zoomは「あなたの劇場」
——湧き出る誇りと自信で社長を圧倒せよ

なかなか信じられないかもしれませんが、実は、**社長テレアポよりも社長とのZoom面談のほうがたやすい**ともいえます。

社長テレアポの際には相手の顔が見えない状態で声だけでのやりとりでしたが、あなたはしっかりと社長とのZoom面談に漕ぎ着けられました。

ですから、そんなすごいことをやってのけたあなたなら、社長とのZoom面談がうまくやれない道理はないのです。少なくとも、そうポジティブに考えましょう。

そして、なんといっても**Zoomは「最強の自分演出ツール」**。「本当のあなたとは異なるあなた」を演じるための強い味方であることを理解してください。そう、Zoomはまさしく「あなたの劇場」。「営業パーソンのあなたが主役」なのです。

さあ、まずは**「誇りに満ちた、余裕ある笑み」を演出しましょう**。

社長がＺｏｏｍに入室する直前に、あなたの「最高の笑み」を鏡に映してみてください。笑みに強弱をつけながら、どの笑みが社長Ｚｏｏｍに最もふさわしいのかを自分なりにつかむのです。そして、口角を上げた自然な笑みをあなたの定番にします。これは同僚の社員やご家族など近しい間柄の人に一緒に確認してもらうのがよいと思います。

そして、**「自信に満ちた、軽い会釈」**。

不用意だと最初に思わず社長に大きくお辞儀をしてしまいがちです。でも、ここはあくまでも「軽く会釈するだけ」と心に固く誓ってください。

「大げさなお辞儀をする営業パーソン」と、「会釈に留めるだけの営業パーソン」。果たしてどちらが自信を持った頼れる営業パーソンに見えるでしょうか。

これらの「誇りに満ちた、余裕ある笑み」と「自信に満ちた、軽い会釈」による演出で、Ｚｏｏｍ冒頭から社長を圧倒しましょう。

4 立て板に水の早口な人は要注意、意識してゆっくり・適度にたどたどしく話せ

社長とのＺｏｏｍ面談というと、「理路整然と、賢そうに、難しい言葉を使いながら、しかも立て板に水のごとく流暢に話す」がベストだと考えがちかもしれません。

でも、ここで社長になったつもりで考えてみてください。そんなに「頭がよさそうな完璧なイメージの営業」に果たして心を開くでしょうか？

もちろん、会話や説明があまりに拙くて仕事に不安感を抱くような営業は論外ですが、**自尊心の高い社長だと、相対する営業パーソンが自分よりはるかに優秀そうだと、一瞬のうちに興ざめしてしまう**のです。

「デキる営業アピール」は必要ですが、**「親しみやすい営業」を醸し出すことはもっと重要**です。

ですから、常日頃「プレゼンがうまい」「流暢な語り口」「早口」などと言われている営業パーソンのあなたは、あえて意識してゆっくりと適度にたどたどしく話すことを心がけてください。

5 伝わる表現の4つの要素

――「抑揚」「強調」「緩急」そして、「間」が決め手

オンライン面談では、画面越しの空間だけに、リアル対面もよりはるかに「ただの原稿読み・棒読み」が命取りになります。特に商品説明ではやや大げさに思えるくらい次の表現を意識して話してみてください。

話し方で、伝わる表現をするためには次の4つの要素が大切です。

①抑揚、②強調、③緩急、④間《ま》

「抑揚」は、（中略）話すときに調子を上げたり下げたりするイントネーションのことです。この「抑揚」がないと、それだけで聞き手には伝わりにくくなります。

「強調」は、一番伝えたいメッセージの部分を、強くゆっくり言うこと。

「緩急」は、テンポよく話す箇所と、ゆっくり伝える箇所とで、メリハリをつけて

話すことです。

「間」は、話の転換点や、協調したい語句の前で、ちょっとしたタイミングをはかることです。

これらは、話にメリハリをつけるためのもので、このメリハリによって話を聞いている人は内容の大事なところを判断しています。

そして、この4つの表現方法の中で、特に伝わる・伝わらないに影響するのが「間」なのです。

（阿部恵『1日1トレで「声」も「話し方」も感動的に良くなる』日本実業出版社、2022年10月刊）


しかし、これらを実践するのは決してたやすいことではありません。

そこで強い味方になるのがＺｏｏｍの録画機能。**4つの要素をすべて盛り込んだ商品説明をひとりで録画しながら何度もトライ&レビューしてみましょう。**

ひとつの商品説明につき、社長とのオンライン面談前に少なくとも30回は練習を積むことをおすすめします。

録画の都度、再生して見てみると、やればやるほど改善・スキルアップしていくのが手に取るようにわかります。

そして、伝わる表現ができるようになるにつれて、話すあなたの表情も自然と豊かになっていくことを実感することでしょう。

6 Zoom面談成功の秘訣は「バーバル／ノンバーバルコミュニケーション」の駆使

コミュニケーションには、「バーバルコミュニケーション」と「ノンバーバルコミュニケーション」の2種類があります。

バーバルは「言葉の」という意味。つまり、**バーバルコミュニケーションとは「言語で相手に伝えるコミュニケーション」**を指し、**ノンバーバルコミュニケーションとは「言語に頼らず、表情やしぐさ、視線、身ぶり手ぶりなどで相手に伝えるコミュニケーション」**を指します。

オンライン営業は電子機器を通じたコミュニケーションなので、バーバルコミュニケーションだけだと思いがちですが、そんなことはありません。むしろ、リアル対面よりもノンバーバルコミュニケーションが重要です。

まずオンライン営業で陥りがちなのが、自分のパソコンの画面を眺めるばかりで内臓カメラを見ないことにより、アイコンタクト（相手の目を見る）がなされないこと。意外にこちらからは気づいていないのですが、パソコン越しの面談相手からすると「自分を見ていない」と感じてしまっています。

オンライン営業の際には、**内臓カメラにも目をやることが必要**です。できれば、画面を眺めるよりカメラを見るほうを多くしたいところです。

次に、ボディランゲージです。

「オンラインセミナー」の講演のスキルとしてよくいわれるのが、「オーバージェスチャーを多用する」ということ。たとえば、大きな笑顔をつくる、大げさにうなずく、指を立てて数字を表す、ＹＥＳの表現として両手で大きな円をつくるなど。

でも、これらはあくまでも大勢の受講者に向けたオンラインセミナー仕様です。

オンライン営業、しかも相手が社長だと、オーバージェスチャーは禁物。社長によっては自分を軽くみられたと受け取ってしまいます。ぜひとも適度な身の動きに留めてください。

7 社長に響く「組織づくり／社員教育／人事評価／コスト削減／他社の導入実績・評価」

初めてのＺｏｏｍ面談で全国の社長が「これならぜひとも話を聴いてみたい」と身を乗り出す対象とはいったい何でしょうか。

会社経営のために、常日頃、社長が気にしている情報はさまざまです。

マクロ環境から例を挙げてみると、世界の経済や政治、金融市場、社会全般、天然資源、科学技術、環境、気候変動、紛争・テロ、自然災害など。

ミクロ環境ならば、自社（自分）と深いかかわりのある、景気、市場環境、業界動向、競合状況、地域特性、消費動向、政府の政策、法律、規制、あらゆる産業動向、そして文化、流行などでしょう。

そして、ここであなたが社長になったつもりで考えてみましょう。社員が100名や300名などといっても到底想像はできないでしょうから、「社員5名の零細企業の社長」になったつもりで考えてみてください。それくらいの規模の社長なら、なんとなくイメージできるでしょう。

すると、企業トップならばなんといっても**「自社の認知度アップ、売上と利益、および業績の向上と発展」に直結することが最大のテーマ**だと想像できます。

そんな社長の琴線に触れる喫緊なキーワード。それは**「最適な組織づくり」「成長へ導く社員教育」「正しい人事評価」「的確なコスト削減」**のどれかです。それらがいずれ「自社の認知度アップ、売上と利益、および業績の向上と発展」に寄与することが明白だからです。

そして、同時に**その裏付けとなる「その商品のあらゆる業種・規模の企業での導入実績/評価」も気になる**ことがわかるはずです。

つまり、これらをしっかり押さえている商品・サービスの情報に対してなら、Zoomで瞬間的に社長の心をつかむことができるということです。

8 「社長目線」にとことんこだわり「ぱっと見で理解＋ちょい読ませ」のパワポをつくれ

テレアポの末につかんだ社長とのZoom面談の機会。ここで改めてこのZoom面談の目的を確認します。

それは「Zoomオンライン面談30分だけで、社長ダイレクト営業でクロージングに漕ぎ着けること」でしたよね。

あなたはこの**「ワンチャンスでクロージングに持ち込む」ことにこだわってください**。社長との2度目のZoomオンライン面談のチャンスはありません。

そして、与えられたZoom面談の時間は30分間。そこで肝要なのが15分間で「商品・サービスの全体像と魅力」を、ディテールをそぎ落として社長目線でしっかりと

伝えることです（ちなみに、残りの15分間はクロージングタイムです。こちらは第5章で述べます）。

そして**提案するための資料づくりでとことんこだわるべきなのは「社長目線」**。これが「現場目線」のこれまでの営業と大きく異なる点です。

社長に対して何を強調すれば心をつかむことができるのか。それは前項でお伝えした「最適な組織づくり」「成長へ導く社員教育」「正しい人事評価」「的確なコスト削減」のいずれかです。

あなたが提案するものが直接的・間接的にどれかに結びつくことを明快に表現したうえで、「あらゆる業種・規模の企業での導入実績／評価」を付加してください。

その説明に使う資料（パワーポイント）は全体の内容をおさめた**「Aページもの（A4ヨコ）」と「Bペライチ（A4タテ）」の2種類**をつくりましょう。

「Aページもの（A4ヨコ）」はZoom面談で画面共有するためのもの。「Bペライチ（A4タテ）」はZoomのあと社内周知用にメールで送るためのサマリーです。

たとえば、担当者向けの提案書なら、担当者同士での事前の面談のうえで次のような提案書になるのが一般的です。

◎現状の整理　◎課題　◎提案の目的　◎商品の概要　◎導入の効果
◎導入までのスケジュール　◎概算費用　◎他社事例の紹介

しかし、あなたはいきなりのZoomによる社長ダイレクト営業です。事前のリサーチ、ヒアリングなどできません。ではどうするか。

ここであなたが（社員5名の零細企業の）社長だと仮定してみてください。社長ならなにを優先して知りたいでしょうか。それを集約しましょう。それが次です。

❶導入の効果　❷商品の概要（商品のUSP）　❸競合商品との差別化
❹概算費用　❺他社事例の紹介

誤解を恐れずに言えば、**社長が知りたいのはその内容よりも「その効果」と「裏付け（他社事例）」、そして「コスト」です**。それを主体としてまとめるとこうなるのです。

特に「導入の効果」については**それを導入したら「社員にとってどんなメリットがあるのか」「会社がどうよくなるのか」**をやや大げさでよいので具体的な感動ストーリーとして伝えましょう。社長は誰しも「社員と会社の成長・発展」をなによりも望んでいるからです。

そして、社長には「商品スペック」「スケジュール」は割愛して構いません。その内容は社長クロージングのあとに担当者に説明すれば事足りるからです。

これら❶〜❺を、まず「Bペライチ（A4タテ）」にまとめます。そして、これを「Aページもの（A4ヨコ）」にふくらませていくのです。

くり返しますが、その際にはくれぐれも「最適な組織づくり」「成長へ導く社員教育」「正しい人事評価」「的確なコスト削減」「あらゆる業種・規模の企業での導入実績／

評価」を念頭に置いてください。

「Aページもの（A4ヨコ）」では、**「ぱっと見で理解＋ちょい読ませ」のリズムで飽きのこない構成にするのがコツ**です。

オンラインで見せるパワーポイントの作り方については「大きな文字で短いセンテンスによる紙芝居形式」がベストとされています。しかし、社長へのオンライン営業の場合はひとあじ違います。

それは、**大きな字での「ぱっと見で理解」のページと、小さめの字での「ちょい読ませ」のページのくり返しが、社長へのオンライン営業ではふさわしい**ということです。

大きな文字ばかりだと単調になってしまい社長は途中で飽きてしまいます。一方、小さな文字だけだと集中して目で追ってくれる反面、読むのに疲れてしまう。ですから、これを適度にくり返すのがベターということです。

そして、**パワーポイントには文字だけでなく、適宜、図表やイラストを盛り込んで、見やすくわかりやすくし、それを見た人ができるだけ共通のイメージを持つことができるようにカラフルなビジュアルで工夫することが肝要**です。いかに営業相手に理解しやすく、ワクワクさせることができるか。ここで「営業パーソンのサービス精神」を発揮しましょう。

ちなみにそれは難しいことではありません。パワポ画面の「挿入」タブにある、図形やアイコン、Smart Artを使えば、誰にでも表現力豊かなパワポに仕上げることができます。また、イラストはGoogle検索でいくらでもイメージどおりのものを探すことができます。

「(社員5名の零細企業の)社長であるあなた」が想像をたくましくして、社長が一見して直観的に「これはいい!」と感じるものをぜひともひと手間ふた手間かけて仕上げてください。

重要な差別化ポイント

1 社長とのオンライン面談での心構え

これまでの営業の常識

☑ 相手は社長だから、Ｚｏｏｍといえどもあくまでも恐縮してへりくだる

社長ダイレクト営業の新常識

☑ 軽く会釈し、余裕しゃくしゃくな笑顔。あくまでも堂々と向き合う

2 社長とのオンライン面談でのボディランゲージ

これまでの営業の常識

☑ 画面越しに大げさな表情・過剰にうなずくなどオーバージェスチャーを多用する

社長ダイレクト営業の新常識

☑ 社長だからオーバージェスチャーは禁物。適度な身の動きに留める

3 オンラインで社長に見せる資料

これまでの営業の常識

☑ 現状整理・課題・目的・概要・スケジュール・費用・他社事例紹介など フルメニュー

社長ダイレクト営業の新常識

☑ 内容そのものより「会社の未来」「社員の成長」に何が期待できるかをアピールする

「全国の社長から仕事が獲れるZoom営業」

序章　なぜ、いまこそ中小企業の「社長ダイレクト営業+Zoom面談」なのか

▼

第1章　「全国の社長から仕事が獲れるZoom営業」企業の発掘・リストアップ 篇

▼

第2章　「全国の社長から仕事が獲れるZoom営業」テレアポ 篇

▼

第3章　「全国の社長から仕事が獲れるZoom営業」Zoom面談～心構え・事前準備 篇

▼

第4章　「全国の社長から仕事が獲れるZoom営業」Zoom面談～本番 篇　いまここ

▼

第5章　「全国の社長から仕事が獲れるZoom営業」Zoom面談～クロージング 篇

▼

第6章　「全国の社長から仕事が獲れるZoom営業」リピート化とご紹介、関係構築 篇

第4章

「全国の社長から仕事が獲れるZoom営業」

Zoom面談

本番 篇

1 Zoomすっぽかしを回避するために前日のリマインド電話&メールは必須

Zoomの入室可能時刻は実際の開始時刻より30分前に設定することが好ましいですが、入室するタイミングは社長によりけりです。

30分前には部下に入室をさせる準備万端な社長。少し早めの10分前くらいに入室してくるせっかちな社長。開始時刻きっかりに入室してくる社長。5~7分ほど遅れて（悪びれることなく）入室してくる社長……。

さまざまなタイプの社長がいます。**なによりも多忙の中でZoomの約束を守ってくれることに敬意を表すべきですので、10分以内の遅れは許容範囲内だと考えましょう。**

しかしながら、10分を経過してしばらくしても入室の気配のない場合は、いわゆる「すっぽかし」の可能性が高いです。

これまで私が数多く社長とのZoom面談をしてきた中で、この「すっぽかし」の憂き目に遭ったことがわずかにあります。

その理由は私が推測するに、2つのパターンが考えられます。

①テレアポの際には（営業パーソンの気迫に圧倒され、断りづらくなり）Zoom面談を引き受けたものの、やはり面倒になった。いちいち断ることも面倒。

②Zoomをやるつもりでいたが、忙しさにかまけてつい忘れてしまった。

後者については、後日リカバリーが可能です。しかしいずれにしてもこの**「すっぽかし」は大切なアポイントの機会が失われてしまうものなので、なんとしても回避したいところ**。

そのためには**前日の電話とメールによるダブルリマインドが有効**です。いずれか一方では「すっぽかし対策」としては不充分です。なぜなら、電話だけだと前日、社長が不在なら伝言メモを見ることはできませんし、メールだけだと他のメールに埋もれてしまう恐れがあるからです。

電話は社長宛ての伝言メモ、メールはZoom招待メールの送信先（社長がベストですが、社長本人でなく担当者でも可）へ。いずれも「明日のZoom面談、よろしくお願いします」でOKです。

このダブルリマインドでZoomを忘れていた社長にも、「すっぽかし」を画策していた社長にも、効果を発揮することになります。

2 社長とのZoom面談のフロー

それでは、さっそく社長とのZoom面談の全体像をご覧に入れます。

1

▶まず社長に元気に自己紹介とあいさつ。
「株式会社○○○の鈴木です。今日は○○社長と面談できることを楽しみにしていました」。
▶ここで軽く頭を下げるだけに留める。社長と同じ目線、同じ立ち位置。むしろ優位に立った気持ちで臨もう。

↓

2

▶つづけてネット上で入手可能な企業データで得た共通項（生年月日、出身地、学歴、趣味・嗜好など）があれば、それで一気に距離を縮めよう（なくてもまったく問題ない）。あまりプライベートに触れてほしくない社長もいるのでややリスクあり。

↓

3

▶現地が晴れの場合のみ「お天気」について触れる。

「そちらは良いお天気ですね」。

▶相手の反応を見ながら「社長の会社の新商品／サービスや最近の業績」に触れる（ただし、好業績の場合に限る）。

「前期は増収増益でなによりでしたね。新商品も待ち遠しいです」。

↓

4

▶冒頭の会話はほどほどに留めて

「それでは、さっそく本題に入ります」と早々に宣言する。

→ A P.140

↓

5

「今回は、〇〇県内に本社のある△△業界の企業の社長さま限定でご提案するプランですが、どうしますか？ お聴きになりますか？」

▶このように惹きつける言葉を投げる。

→ B P.141

↓

6

▶「聴きたい」と言わせて、商品／サービス説明へ。話の内容を明確にしたうえで説明を開始。

「これから社長の会社のコスト削減に
画期的な新しい〇〇〇の情報をお伝えします」。

↓

7

「最後に社長の商品導入のご意向をお聞きしますので、よろしくお願いします」。

▶このZoomが「営業目的」であることを事前に伝えることで「自分ごとの意識」に変え、しっかりと考えながらあなたの話を聴く姿勢にする。そうすることで、その場での回答を得られやすい状況にする。

→C P.143

8

「ところで、御社（の社員）がこの商品でもし□□になったとしたら、どう思いますか?」

▶こう問いかけて、「新たな気づき」と「前向きな自己暗示」を促す。

→D P.146

9

▶パワポを読むことに没頭せず、常に社長の反応を窺う。うなずくなどの前向きな反応がなければ、適宜、話しかけて注意喚起する。

「これ、どう思いますか?」「ここまででご不明な点は?」「まだ続けますか?」

▶説明の途中で適宜、社長に問いかけてキャッチボールをする。

→E P.148

10

▶「会話に出てきたキーワードのくり返し」「適宜、内容を要約」で社長への共感をアピールする。

→ F P.150

11

「念のため、今日のお話の要点を述べます。
①…… ②…… ③……です」。

▶説明が終了（おおむね 15 分間）したら、要点をくり返して印象づける。

12

「ちなみに、他社の導入事例や導入企業の
喜びの声や感想はこんなかんじです」。

▶良い商品だから当たり前と言わんばかりに淡々とした紹介に留める。

13

「ここまでお聴きいただきありがとうございます。
もしもよろしければ、このままつづけて
導入のための概算費用／条件の説明をしますが……」。

▶いきおいを抑え、ややもったいぶった口調で「導入のための概算費用／条件の説明」「お申込み締切」へのステップの説明をする。

14

「〇〇社長、ここまででなにかご質問はございますか?」

▶ここまでの質問をしっかりと聴いて簡潔に答える。わからないことは追って回答すると伝える。

15

「お問い合わせの類似商品との比較は、このあとメールでお送りします」。

▶競合他社の類似商品の有無を訊かれた場合にのみ、その商品の概要と価格帯の比較資料をさっと見せ、このあとメールをすると伝える。

16

「〇〇社長。それでは最後にこの商品へのご意見・ご感想、そしてこの商品導入のご意向をお聞かせください」。

▶「ご意見・ご感想」と「商品導入のご意向」を並列で訊き、その場での前向きな回答を促す。

▶ここが社長に話してもらう場。社長の目を見て身を乗り出して、社長の考えをじっくりと聴く姿勢をとろう。

A

冒頭のアイスブレイクは短く簡潔に、早々に本題へ突入せよ

よくある担当者同士での営業本では「セールストーク前のアイスブレイク（雑談）で何をどのように話すか」が重要な項目になっています。しかし、**社長とのZoomならアイスブレイクは不要**です。

それはなぜか。アポイントをとる際の社長との電話での会話で**「課題／ニーズの顕在化→興味の喚起」にまで至っているから**です。

なにしろ社長はせっかちです。**冒頭で軽く挨拶をしたら、「ではさっそく商品の説明に入ります」がベスト**です。

そして、本題（商品の説明）のあとにたっぷりと社長のお話を聴きましょう。ひとしきり社長とのやりとりが済んだところでクロージングへシフトしていきます。

B 冒頭の「今日のお話は〇〇〇ですが、お聴きになりますか？」で惹きつける

さて、Ｚｏｏｍに突入しました。あなたからいったいどんな話があるのか、なにか自分に訊かれることがあるのか、社長は前のめりで落ち着かない気持ちでいます。そこで、**社長の心に軽くブレーキをかけるひと言をあなたがまず発してください**。

「詳細のお話をする前に、まず概略だけざっとお話しします。それを聴いてもらって、ご興味がないと判断されれば今日はそこまでにしてＺｏｏｍを終わりにします。そして、もしもっとお聴きになりたければくわしくご説明します。それでよろしいでしょうか？」

この冒頭のひと言には２つの大きな意味があります。

ひとつめは、**あえて焦らすことによる「興味関心の増幅効果」**です。

社長としてはあなたの話を聴く気で満ち溢れているところに、意外なこの前置きの言葉。すると、社長はその中身をよりいっそう聴きたくなり、集中して前向きに話に耳を傾けてくれるようになります。

ふたつめは、**社長を「ふるいにかける効果」**です。

社長もあなたも、お互い興味関心のない話をされたりしたりするほど無駄な時間はありません。それを最初に見極めるのです。冒頭のこの前置きの言葉で即座につまらないと感じた社長にクロージングの可能性は皆無です。

冒頭の概略の説明で「興味なし」と返答のあった社長とはそれで面談を終わりにしてしまい、次の社長とのＺｏｏｍに気持ちを切り替えていきましょう。

C 「最後に商品導入のご意向をお聞きします」と事前に伝え、前向きな回答を促せ

この唯一の社長とのZoomで**クロージングに持ち込むことがあなたの目的**です。

それなのに、単に商品の説明をして「検討します」「後日連絡します」「社内で協議します」の社長のひと言で終わってしまったら、目的は達成できません。

社長テレアポの際、たしかにあなたは「新しい○○○（商品カテゴリー名）に関して、社長から直接、貴重なご意見・ご感想をお聞かせいただきたい」と伝え、「営業目的」とは口にはしませんでした。

しかし、この一連の会話でおおかたの社長は「なんらかの新しい提案（＝営業目的）」であることはうすうす承知しています。

ですから「最後に社長の商品導入のご意向をお聞きしますので、その旨よろしくお願いします」と商品説明の前に断るのは自然なのです。

このように**「営業目的」であることを事前に伝えることで社長は「自分ごとの意識」に変わり、「最後にどう考えを述べようか」としっかりと考えながらあなたの話を聴く姿勢になります**。

そうすることで、その場でのその商品購入の「YES」「NO」の回答を得られやすい状況にします。これで少なくとも「検討します」「後日連絡します」「社内で協議します」で終わる確率が下がるのは間違いありません。

そしてその後、「これからご覧に入れる資料はミーティングのあとすべてメールでお送りしますので、メモなどは必要ありません」と伝えましょう。このひと言が社長に安心感を与え、あなたの話を集中して聴いてもらえる環境をつくります。

しかも最後に満を持して（もともとのＺｏｏｍの目的の）「ご意見・ご感想」と「商品導入のご意向」をあえて並列で訊くことにより、その場での前向きな回答を促すのです。最後の「商品導入のご意向」に強い印象が残るので、導入（購入）へと心が傾き、そのためにどうすればよいかを社長は考え始めます。

ちなみに「なんだ。結局、営業なのか」とＺｏｏｍの向こうで怒り出す社長もいます。その場合は「はい。営業と受け取って構いません。ただし、押し売りではなく御社にメリットのあるお話です」と堂々と言ってみましょう。

こう言うと、案外納得して話を聴いてくれる社長は多く、クロージングに結びついた例もあります。一方、それでも怒りがおさまらない社長の場合は丁重にお詫びをして、そこでＺｏｏｍは終わりにしましょう。

D 「御社（の社員）がこの商品でもし□□になったら、どう思いますか？」と問いかけろ

社長は誰しも「社員と会社の成長・発展」をなによりも望んでいます。すなわち、「社員にとってどんなメリットがあるのか」「会社がどうよくなるのか」が社長の判断するポイントであるということは前述したとおりです。

それを踏まえたうえで、商品説明に入る前にあなたが（Zoom越しに）社長の目を見て真剣な面持ちでゆっくり問いかけたい言葉。それが**「御社（の社員）がこの商品で、もし□□になったとしたら、どう思いますか？」**です。

もちろん、この□□の中には社長にとって好ましい状況、さらにいえば理想の姿が入ります。これは、「もし……なったとしたら、どう思いますか？」というふうに、「断

定」ではなく「問いかけ」にすることに意味があるのです。

この**「問いかけ」は魔法の言葉**です。

この**短い文章の問いかけによって、社長の心の中に「そうか、普段あまり考えていなかったが、たしかにそうなったらいいな」という「新たな気づき」が芽生える**ことになります。そして、**「本当にそういううれしい状況になるのかも」という「前向きな自己暗示」にかかる**ことにもなります。

したがって、その後の商品説明にがぜん「期待感」と「緊張感」が生まれ、クロージングがより現実的になるのです。

E 商品説明では適宜問いかけを入れて、社長とキャッチボールせよ

商品説明に突入すると、**あなたはただ一方的に話すだけになりがち**です。Ｚｏｏｍ面談だとリアル対面よりもそれがより顕著になります。

リアル対面ならばすぐそばに社長がいるので反応がわかりますが、Ｚｏｏｍで資料を画面共有すると社長の小さな顔しか見えないので心もとない。やりづらい……。たしかにそうかもしれません。では、どう対処すればよいのか。

まず「あなたが商品説明を一方的に行う」という意識を払拭しましょう。つまり、**「ひとりでやる商品説明」を「ふたりでやる商品情報のキャッチボール」に変える**のです。

一連の商品説明の中で、あなたがワンセンテンス、ツーセンテンス文章を読んだら、そこで、「これ、どう思いますか？」「こんなことってないですか？」「ここまで大丈夫ですか？」「わかりづらい点などないですか？」などと**適宜、あなたが問いかけを挟みます**。

このようにさまざまな問いかけをすることで「一方通行の商品説明」ではなくなり、「双方向で行う商品理解タイム」に様変わりします。

これを行うメリットは、**Zoomの向こうの社長が飽きることなく、一瞬一瞬の反応を確認しながら効果的に説明できる**ということです。

ただ、注意してほしいことがあります。それは、説明の途中で挟む問いかけが多くなり過ぎないようにすること。

それが過度に多いと説明を聴きたい社長が興ざめしてしまいます。問いかけへの反応を見ながらその頻度を調節してください。

F　オーバーリアクションでなく「キーワードの反復」「内容を要約」で共感をアピールせよ

あなたは会話の相手があなたの話した内容を理解し、それに共感してくれたとしたらどう思いますか。もちろんうれしいですよね。そして、きっとあなたはその相手に対して好感を持ち、一気に精神的な距離が縮まることでしょう。

それをあなたはＺｏｏｍで社長に実践するのです。

重要なポイントはあなたが「内容を理解していること」「それに共感していること」それ自体ではなく、**「内容を理解していることを伝えること」「それに共感していることを伝えること」**です。あなたが実際そう感じていても、社長に伝わっていなければ意味がないのです。

では、これをどう伝えるかといえば、従来のＺｏｏｍコミュニケーション本だと、「オーバーリアクション（大きなうなずきなど）」が鉄則なのですが、私はこれを安易にはおすすめしません。

相手が担当者レベルならばそれでよいでしょう。しかし、社長なので過度なリアクションだと鼻白まれ、信ぴょう性や信用度を疑われる恐れがあるのです。

実際、私も苦い経験があります。よい流れの商談の中でつい調子に乗って（マニュアル本どおりに）オーバーリアクションをくり返したところ、社長の機嫌を損ねてしまい、商談が不調に終わってしまったのです。

ですから、**社長に対してはアクションではなく、会話で「内容の理解」と「内容への共感」を無理なく伝えましょう。**

まずひとつめは、**社長の会話の中に出てきたキーワードをそれとなくくり返すこと。**

それだけで社長はあなたが自分の話の内容に理解と共感をしてくれていると感じてくれます。

●**社長**「わが社にとっていま大切なことは○○○なんですよ」

◎**あなた**「そうですよね！　やはり、○○○が重要ですよね」

●**社長**「私は社員には□□□を常に心がけてもらいたいと考えています」

◎**あなた**「つまり、御社に□□□の考え方が深く浸透しているということなんですね」

注意点としては、社長が言ったキーワードを含むセンテンスをそのままリピートしないこと。右記のように**前後の言葉を少しアレンジして話すことが重要**です。

ふたつめは、**社長の話した内容を適宜、要約して話すこと**です。これがうまくはまると社長の共感が「信頼」に変わります。

●**社長**「わが社のビジョンをわかりやすく言うと……ということなんですよ」

◎あなた「ありがとうございます。
つまりそれは……ということで間違いないでしょうか」

●社長「そう！　まさにそういうことですよ！」

こちらの**注意点は、あなたが考えた要約の内容がもとの主旨とズレないようにすること**です。あなたがうまく要約したと思ったつもりが社長からすると齟齬があると感じられると逆効果です。要約することに自信がないのであれば、避けたほうが無難かもしれません。

これらふたつが「商品説明～商談～クロージングタイム」を通じて効果的に活用していただきたいことです。

もういちど言います。Ｚｏｏｍ越しの社長に対するオーバーリアクションは避けましょう。あくまでも会話で「内容の理解」と「内容への共感」を伝えましょう。

3 「いいね！」や「笑顔のうなずき」連発の社長は要注意、二択で思考と決断を迫れ

商品説明をしている間に社長から何度も「いいね！」と言ってもらったり、適宜、笑顔でうなずいてもらえたりすると、こちらはたちまち、いい気持ちになって「反応良好だな。これなら決まるかな」と考え、安心します。

しかし残念ながら**こういった反応こそ要注意**です。私自身、これらの反応から結局、クロージングに至ったケースは著しく少ないというのが現実です。

「いいね！」や「うなずき」は、その商品を前向きに受け入れている態度ではありません。**あくまでも社交辞令で、その商品の導入に向けて何も考えていない恐れがある**のです。

ですから、こういった反応があったときこそ、あなたはそれにつられることなく冷静になってください。そして、社長のその言動が心の内とは裏腹であることを示すサインであることを知ってください。

では、これらの反応にはどう対処すべきか。

まずは「自分ごととしての思考」を促しましょう。しかし、ここでただ漠然と「社長のお考えはいかがですか？」と訊いてもあまり効果的ではありません。そもそも何も考えていないところへフリーアンサーを促しても何も出てこないからです。

ポイントは二択です。「AとBなら、社長の会社はどちらのタイプですか？」「AとBなら、社長の社員にはどちらが効果的でしょうか？」「AとBなら、社長だったらどちらがしっくりきますか？」などとその都度、社長に2つから選ばせ、考えさせます。

このように二択からひとつに絞ってもらいながら、段階的に核心に迫っていき、最後に決断をさせましょう。

4 社長を徐々にその気にさせる、心理学を活用したセールストーク事例を知っておく

昨今、心理学を営業に活用するための本が多く出ています。ただこれらはいずれも現場担当者との折衝で使う想定のものばかりです。本書の想定する商談相手はあくまでも社長。

私の経験則でいうと、**社長には心理学営業術なるものはそう簡単には通用しづらいため、基本的に正攻法で立ち向かうべき**と考えます。

ただ、心理学を知っておいて損はありません。ここではZoomによる社長ダイレクト営業でも活用できそうなものをリストアップしておきます。

1 お悩み顕在化

「社長！社員さんが○○○で困っていませんか？」などと問いかけることで社長の

お悩みを顕在化させ、一気に興味を喚起する。

2 カリギュラ効果

「この商品は社長の会社には不釣り合いかもしれません。話を聴きますか？　やめておきますか？」とあえて否定的な言葉で逆に購買意欲をかきたてる。

3 希少性・限定性の提示

「今回は、○○県内に本社のある△△業界の企業の社長さま限定でご提案するプランです」などと具体的な対象者を特定〜名指しすることで興味関心を引き起こす。

4 ラベリング効果

社長の会社の社員は○○○です（ラベルを貼るように規定する）が、これをやるともっと△△になりますよ、と行動を促す。

5 イエス誘導話法

「……と思いませんか?」「……と思いませんか?」「……と思いませんか?」と複数の当たり前の「YES」を答えさせ、そのあとに商品の勧誘をして「NO」と言いづらくする。

6 ハロー効果

この商品は東証プライム市場の○○○㈱、㈱△△△などすでに○百社の企業が導入し、○○新聞で掲載、公的機関○○○の認証を得ている商品で、あの○○○社長もこんなコメントを寄せています、などとポジティブな情報で絶大な信頼感を与える。

7 ツァイガルニク効果

とっておきの特典は後半に……と焦らし、未完了にして最後まで集中させる。

8 デメリット強調

導入した場合のメリットより、しない場合のデメリットを強調する。

9 有料・無料の並列効果

有料と無料の組み合わせ（〇〇を買うと△△がついてくる）で魅力的に見せる。

10 親近効果

説明の終わりにあらためて「商品／サービスの総括」をする。物事の最後（もっとも現在に近いこと）が記憶に残りやすく、好印象になる。

11 極端の回避性

3つの選択肢での中間アピール効果を活用。料金メニューの選択肢を3つ用意して真ん中を選ばせる。

以上、11項目を挙げてみましたので、適宜、活用してみてください。

ただ、**注意してほしいのはこれらをトークスクリプトには盛り込まないこと**。社長の性格や状況によって反応はさまざまなので、シナリオどおりにいかないことがほとんどだからです。あくまでも参考程度に押さえておく、というほうが賢明です。

第4章

重要な差別化ポイント

1 オンライン面談冒頭のやりとり

これまでの営業の常識

☑すぐに本題に入らずにまずはゆっくりと雑談してアイスブレイクをする

社長ダイレクト営業の新常識

☑最初の会話は最小限に抑えて、早々に本題へ突入。雑談はそのあとで

2 オンラインでの商品説明のやりとり

これまでの営業の常識

☑画面共有すると社長の表情がよく見えないので、とにかく一気に説明し尽くす

社長ダイレクト営業の新常識

☑ 説明の途中で適宜、社長に問いかけを挟み反応を見ながら、キャッチボールをする

3 セールストークにおける心理学の位置づけ

これまでの営業の常識

☑ 心理学をさまざまなセールスの場面で活用して成果を出すよう心がける

社長ダイレクト営業の新常識

☑ 社長には心理学が簡単には通用しないので、基本的には正攻法で立ち向かう

「全国の社長から仕事が獲れるZoom営業」

序章　なぜ、いまこそ中小企業の
「社長ダイレクト営業+Zoom面談」なのか

▼

第1章　「全国の社長から仕事が獲れるZoom営業」
企業の発掘・リストアップ篇

▼

第2章　「全国の社長から仕事が獲れるZoom営業」
テレアポ篇

▼

第3章　「全国の社長から仕事が獲れるZoom営業」
Zoom面談〜心構え・事前準備篇

▼

第4章　「全国の社長から仕事が獲れるZoom営業」
Zoom面談〜本番篇

▼

第5章　「全国の社長から仕事が獲れるZoom営業」
Zoom面談〜クロージング篇
いまここ

▼

第6章　「全国の社長から仕事が獲れるZoom営業」
リピート化とご紹介、関係構築篇

第5章

「全国の社長から仕事が獲れるZoom営業」

Zoom面談

クロージング篇

1 プレゼンが上手でもクロージングできないなら営業失格、クロージングをこう再定義せよ

ロープレをくり返して商品説明（プレゼン）が上達する営業パーソンは山ほどいます。しかし、プレゼンがうまくても肝心のクロージングができない営業パーソンも多くいます。

言うまでもなく、**「営業とはクロージングで完結」するもの**。これができないならばその営業パーソンの価値はありません。

よく考えてみてください。Ｚｏｏｍ面談であなたの商品説明を最後まで平穏に聴いてくれている社長のことを。それだけでその社長は商品に少なからず興味関心を持っている証拠です。興味関心の有無は社長の表情や振る舞いでわかるはずです。

社長のその「(大なり小なりの)興味関心」を「やってみるか」「導入してみるか」へ一気に転換させるトリガー。それがクロージングなのです。

あなたが決めの言葉を逡巡している間に社長が先に「では検討するから、後日こっちから連絡するよ」と言われたら、クロージングの確率は激減してしまいます。

あなたがクロージングをためらうのはなぜでしょうか。それは2つ考えられます。

ひとつめは「その場で決断を迫ったら社長に対して失礼にあたらないだろうか」。あるいは「ここで焦って決めのひと言を口にしたら非常識と思われ、せっかくのチャンスを逃すことにならないだろうか」という、思い切れない弱気な気持ち。

そして、ふたつめは「まだ白黒をつけるのは避けておこう。ここで社長からダメ出しを食らってしまったら、貴重な営業案件がひとつなくなってしまうので、しばらく温存しておきたい」という卑小な気持ちです。

残念ながらいずれの発想もナンセンスと言わざるを得ません。では、あなたはどうクロージングを再定義し、マインドセットをすれば良いのでしょうか。

「自分には今日のＺｏｏｍ一度のチャンスしかない。この場でかならず決めてみせる」
「社長は私の力強いひと言を待っている」
「この強気の姿勢が良い結果を生みつづける」

そう心に決めてください。それだけであなたは変わることができます。

そうすれば、**その場で結論を迫ることが失礼でも非常識でもない**と思えてきます。
また、**営業案件を温存せずその都度白黒はっきりさせるほうが着実に前進できる**、ということにも気づくはずです。

2 社長がその場をやり過ごす、色よい返事を真に受けるな

Ｚｏｏｍ面談し営業パーソンから商品の提案を受け、実は「この商品には魅力を感じない。要らないな」と思っても、「なるほど。検討してみますよ」と笑顔で色よい返事をする社長は多くいます。

人は誰でもそうですが、きっぱりと断って嫌われたくはありません。あなたも洋服屋さんで気に入った洋服がなくても、「また来ます」と言ったことがあるはずです。それは社長も同様です。むしろ社長は人一倍、好印象を残したい人物です。できれば「検討します」でやり過ごしたい。しかし、**あなたはこのひと言を真に受けてはいけません**。

本当に検討する意思があるのかどうか。それはその後のあなたからの働きかけと社長の反応ではっきりと見えてきます。

3 「個人的には……と思う」「わが社は社長の独断では決めない」という社長への対応は

会社の代表たる社長、しかも中小企業の社長でありながら、提案商品に対する意見や感想を訊くと**「個人的には……と思う」と答える社長はかなり見受けられます**。

それは、職責の重さに耐えかねてそう話すのがクセになっているのです。

そんな社長には**「個人的には」の真意を掘り下げていきましょう**。

「社長はいま『個人的な考え』と言ったが『会社としての考え』はどうなるのか。そこにつながりはあるのか、ないのか」「『会社としての考え』をはっきりさせるうえで『社長の個人的な考え』はどのように反映されるのか」「『社長の個人的な考え』が『会社としての考え』に昇華されるにはどういう流れがあり得るのか」。

このように、さまざま角度から追及していくのです。すると、中には社長であるにもかかわらず「個人的には……と思う」と口にしたことの重大性に気づいて、自ら社内の説得、調整へと動き出す社長もいます。

また、**近年特に多くなってきたのが「わが社は社長の独断では決めない」と豪語する社長**です。

その「独断では決めない」理由もさまざまです。「すべて合議制だから」「社員の主体性がなくなるから」「コンプライアンスに抵触しかねないから」などです。

現実的にはこういった社長に対してＺｏｏｍ上でクロージングを獲得するのは不可能です。強引に進めても得られるものはありません。ですから、**ここは思い切って社長に一任しましょう**。

ただし、必要不可欠なのは、前者・後者ともにあなたが提案した商品に対して社長自身がおおむね賛同していること。この大前提がないのであれば、潔く引き下がったほうが賢明です。

4 「やるとなったら気になる点は？」「いつからどれくらいやりますか？」で背中を押せ

商品説明を終えたのち、表情の変化が認められず意思表示のない社長。一方、商品説明のあとにそれなりに質疑応答があったものの同じく意思表示をしない社長。

この2つを比較すれば、クロージングの確度が高いのはやはり後者です。少なくとも興味関心がなければ質問はしませんから。しかし、前者でも確度は高くないものの可能性がないわけではありません。

そこで、これら2つのタイプの社長の心に火を点ける（その気になってもらう）言葉をかけてあげましょう。

それが**「やるとなったら気になる点は？」「いつから、どれくらいやりますか？」という2つの問いかけ**です。

これらの問いかけは「買うか買わないか」「やるかやらないか」という自問自答（迷い）を一気に飛び越えて「購入後のイメージ」へと連れていく言葉です。社長の心のどこかにある「決断のための障害（ストッパー）」をこの言葉で払拭していくのです。

「やるとなったら気になる点は？」によって購入後のイメージを植え付け、なんらかの障害（決断を鈍らせる何か）があるのか否かを確かめます。

社長がその障害を言明してくれたのであればそれをその場で解消すればよいのですが、特段の障害はなく慎重な性格ゆえに決められない社長が多いのが現実です。

そして、その流れに沿って**「いつから、どれくらいやりますか？」という言葉によって時期・数量の具体的なイメージを促します**。

このように無理なく社長の背中を押していくのです。

5

「次はどうしましょうか？」「成果を出すためにお手伝いしますよ」でゴールへ並走せよ

「やるとなったら気になる点は？」「いつからどれくらいやりますか？」のやりとりののちに、社長から「今回は見送る」「やらない」などとはっきりとした回答があったのであれば、この項を読む必要はありません。

しかし、それでも意思表示のない社長の場合には、さらにもう一歩踏み込んだ2つの問いかけをしましょう。

このタイプの社長はすでに購入（導入）したい気持ちになっているものの、ここからの段取りに対して躊躇している可能性があります。つまり、「購入前（いま）」と「購入後」をつなぎ合わせるためのあと押しとなる言葉が必要です。

そのための言葉が**「次はどうしましょうか?」「成果を出すためにせいいっぱいお手伝いしますよ」**です。このタイプの社長はこれらの頼もしい言葉でにわかに勇気づけられ、決断をしてくれるのです。

「購入後の具体的なイメージ（時期・数量など）」ができていながら決断できないのであれば、その社長とともにゴールへと並走することを力強くアピールしましょう。

6 「やりたい」「役員会で諮りたい」「見積がほしい」と言われたときこそ、訊くこととは

社長から「やりたい」「役員会で諮りたい」「見積がほしい」と言われると、クロージングできそう、と思わずうれしい気持ちになりがちです。

しかし、これらの言葉を冷静に受け止めてください。「買います」「採用します」「やります」という〝断定口調〟以外はまったくの不確定なのです。「願望」と「意思決定」には、天と地ほどの差があります。しかも、これが「願望」を言い表しているとは限りません。その場しのぎの言葉である恐れもあります。

このような言葉を口にしてくれたとしても社長に逃げられ、クロージングに至らなかった事例は少なくありません。ここからの詰めが肝心です。

ではどうすれば社長の真意を確認したうえで、着実に前進できるのでしょうか。

それは、**「それでは、さっそくこの場で担当者をご紹介ください」「社長の携帯を教えてください」の2つの問いかけ**です。

いずれも社長の心の裏付けがなければ開示できない特別な情報です。初めての面談相手（あなた）にこれらのアクションを行うということは、社長トップダウン、もしくは社内を説得し「意思決定」を下す自信や覚悟がある証拠ととらえてよいでしょう。

逆に、その問いかけに応じてもらえないなら、社長の意思が不確かであるとわかります。

7

「〇〇社長。この機会に〇〇〇の導入を決定しましょう」で、その場での決断を促せ

商品説明と商談が終わって、社長に「商品導入の意向」を訊いた際、明確なYESあるいはNOがあったならば、もちろんこのひと言は必要ありません。

YESはもちろん、NOもあなたにとって喜ばしいひと言といってよいと思います。なぜなら、NOを即座に明言してくれる社長はまれで、その場ではっきりと断ってくれれば、あなたはきっぱりとあきらめがついて次の営業先へと進めるからです。

むしろよくある「検討します」「後日連絡します」「社内で協議します」といった言葉は果たしてそれが真意なのか、それともその場しのぎなのかをなかなか推し量ることができません。

それらの言葉を言われたら、ふつうはしばらく待つことになるでしょう。しかし、

唯一のチャンスを活かすあなたはそれだけではいけません。

そこであなたは**「○○社長。この機会にこの○○○の導入を決めましょう」という言葉をあくまでも軽快に、かつ力強く投げかけましょう**。

相手が社長ゆえあまりにも大胆で禁断とも思える言葉とあなたは受け止めるかもしれません。しかし実際、口にしてみるとさらりと言える清々しい言葉でもあります。

このひと言には次のいずれかの作用を生み出す可能性を秘めています。

ひとつめは、購入するか否かを逡巡している社長の背中をぐっと押すことになり、**その場でYESの決断を促す作用**。

もうひとつは、このひと言が社長の心の中に強く残って、**その後の社内の説得や調整を加速させ、クロージングの確率を高める作用**です。

ちなみにこのひと言を口にすると、その意外な言動に一瞬、たじろく社長はいます。

でもそのあとは、なぜか打ち解けることが多い「魔法の言葉」でもあるのです。

8 意思表示がない社長の場合、「後日回答します」と言われたら、まずは信じて待つ

会話で終始、無表情の社長は少なくありません。否定も肯定もせず、淡々とこちらの話を聴き、無駄なことを口にしないタイプです。

こういう社長は気迫で押したり、駆け引きしたりといったことはあまり通じません。むしろ**こちらも冷静、かつ理路整然と説明に徹する**ことを心がけましょう。

このタイプの社長は軽はずみなことを言わない分、時間がかかっても確実になんらかの答えを出してくれます。

しかも、しっかりと社内を説得、決定をしたうえで、(これまた淡々と)うれしい連絡をくれる場合が多いです。

ですから、**まずは策を講じることはせずに信じて待ってみてください**。

ただし、「信じて待つ」としても、かならず社長不在の際の連絡先の部署と担当者を訊き出すこと、面談の重要ポイント（こちらにやや有利な表現で）をメールすることを忘れないでください。

9 話が凍結しそうな場合は、あえてネガティブ要素を問い質せ

あなたの話をしっかり聴いてくれた社長。社長の表情を見ると前向きな表情には見えないが、決して否定的でもない。社長としてはやる理由もやらない理由も見つからない状況のよう。あなたも詰めのひと言が見つかりません。

ここで、いったん対話が止まってしまったとします。このまま放っておけば、この話は凍結します。可もなく不可もなくYESもNOもなく、結局、クロージングには至らず立ち消えになります。こんな中途半端な生煮えの状態に陥ったとき、果たして打開策はあるのでしょうか。

それは、**あなたから社長の価値基準を問い質していくこと**です。

こういったケースは単に導入の検討を促しても、社長は日常の業務を優先する中で忘れてしまい、水泡に帰すだけでしょう。ですから、その場で果敢に迫り、決断へと導くのです。

「〇〇社長、もしもこれを導入するとしたら気になる点はありますか？」
「導入する場合のボトルネックはいったい何でしょうか？」
「導入した場合に弊害は何か考えられますか？」

このように**「導入する（購入する）ことへのリスクやデメリット」を社長自らに挙げてもらう**のです。

営業パーソンのあなたが「導入しない（購入しない）ことへのリスクやデメリット」を社長に列挙してもらってもそれにはあまり価値はありません。この手の社長はそれをある程度は理解できているからです。

このような社長には、この商品に否定的になる理由、見送る理由～「導入する（購入する）ことへのリスクやデメリット」～があるのか、ないのか。あるとしたらそれは**「導入しない（購入しない）ことへのリスクやデメリット」よりも重大なことなのか、を具体的に言語化してもらいます**。

これを浮き彫りにすることで「導入する（購入する）ことへのリスクやデメリット」と「導入しない（購入しない）ことへのリスクやデメリット」を天秤にかけてもらった結果、ＹＥＳとＮＯがはっきりします。

たとえ、結果的にＮＯに至ったとしても、営業的にはネガティブ要素ともいえる「導入する（購入する）ことへのリスクやデメリット」を問い質してきたあなたへの社長の評価と信頼感は一気に高まります。

そうなれば、その社長はあなたへ次の新たな提案を求めてくる可能性が高まります。

そして社長との良好な関係が始まる入口に立ったといえるのです。

10 膠着状態ならば話の方向性をいったん変え、発想の転換を促せ

感情表現があまりない（しない）社長が相手だと、商品説明はできたものの次の一手が見出せず膠着状態になってしまうことも多くあります。商品のことは理解できているようですが、社長が導入に前向きなのか後ろ向きなのかがまったく見えないケースです。

こういった際には**思い切って話の方向性を大きく変えてみましょう**。

「○○社長。ところで組織づくりで心がけていることはどんなことですか？」

「○○社長が考える理想的な社員教育とは何ですか？」

「人事評価とは難しいものですが、○○社長は評価では何を重視していますか？」

「業務コストのメリハリについて○○社長のお考えをお聞かせください」

ここで掲げる新たな話題は第3章で社長の琴線に触れるキーワードとして挙げた「組織づくり」「社員教育」「人事評価」「コスト削減」のいずれかにしてください。

あなたが社長に提案する商品もこれらのいずれかにかかわるものでしょうし、相互に関連しているからです。

いったんこれらの別の話題（課題）に話を振ってみると、社長の頭の中が整理・リフレッシュされ、あなたが提案した商品が新たな角度や観点から見直されることがあるのです。

このように社長から別のトピックの考えを聴いたあとに本題に戻してみたら、思わぬ進展があった例は少なくありません。袋小路に入ってしまった場合の打開策としてぜひ試してみてください。

11 断り文句――「興味ない」「ウチには時期尚早」を言われたら、こう打開していけ

Zoom面談による社長への営業は、原則的に1回につきひとつの商品を提案します。たった30分間しかない中で、あれもこれも総花的に提案してもただ社長を迷わせるだけでその場で結輪が出ることはないからです。

しかし、右記のような断り文句が社長の口から発せられた場合には話は別です。そうなったら、**ここであきらめずに手持ちの駒をすべて出してください**。

もっとも良くないのは「いちど断られただけで、あきらめること」。なぜなら、あなたが提案したひとつの商品がたまたま社長の琴線に触れなかっただけかもしれないからです。

最初の商品で断られたら「社長。もういちどだけZoomの機会をください。とっておきの他の商品もご覧に入れます。こんどは15分で結構です」と言って改めてZoomに臨んでください。

そして1回めとは異なり、一覧できるカタログで商品写真と商品名、特長を一気に見せましょう。するとあなたが想定しなかったものに興味を示す場合があります。

2回めのZoomはあなたにとっては敗者復活戦。しかし社長にとっては、その商品群の中でひとつでも関心を持てれば、紹介したあなたへの印象が良くなり、一気にマインドシェアを高めてくれます。これが2回めのZoomの本当の目的なのです。

最初のZoomでいきなり総花的な提案をしたならそれはダメな営業にしか思われません。**1回めでしっかりとロジカルでストーリー仕立てのセールスをして営業のスキルをアピールしたうえで、2回めですべての商品ラインナップを見せるからこそ、社長から信任を得ることができる**のです。

私はここから長いおつきあいになった社長は数え切れません。

12

社長が「やる」と言ったのに現場担当者が「やらない」と言ってきたときの対処法

実際よくあるのがこのケースです。Ｚｏｏｍで社長が「やる」「あとは現場担当者から連絡させる」と明言したにもかかわらず、さっぱり連絡はなく、やむなくこちらから連絡すると、「それはしないことになったので……」と言う現場担当者。

その際には、**「社長のGOサインが出たのにやらなくなった理由と経緯」をつっこんで訊きましょう**。「なぜ社長がやると言ったのにやらなくなったのか《理由》」と「それはどういう場、どんな流れで決まったのか《経緯》」です。

現場担当者が「それは言えない」「事情をお察しください」などと言ってきたとしても、あなたは退く必要はありません。なぜなら、最終決裁者たる社長が「やる」と言っていたのですから。

この際、確認してほしいのは**「（社長の指示を受けたにもかかわらず）社内で激しく議論した末にやらないと決まったのか」**。そして、それは**「前向きにやる前提での議論だったのか」それとも「やらない理由さがしの後ろ向きな話し合いだったのか」**です。

それは、現場担当者の会話内容や口ぶりでわかります。ちなみに「後ろ向きな話し合い」の場合、現場担当者として（社長からの指示にもかかわらず）面倒だからとまったく何もしないでやり過ごすケースすら見受けられるのが現実です。

このやりとりで社長と現場との関係性（良好な関係か否か）がはっきりと見えます。「前向きな議論」だったなら、その後のリカバリーの可能性があります。

社長のGOサインを反故にして現場担当者が断る理由として多いのは、「今期の予算がすでに消化済みだから」「いまは足りているから」「現在、ほかの○○○が進行しているから」「時期的に芳しくないから」「時期尚早だから」などです。

そこであなたは堂々と訊くのです。**「では、いつなら良いのでしょうか」**と。ある

程度明確な時期を提示してくれるのであれば、まだ可能性が残っています。

しかし、はっきりした回答がなく、はぐらかすような物言いなら、これ以上、現場担当者とあなたとの間でやりとりをしてもただ時間の無駄です。

そして次は、**ここまでの事実を社長にフィードバックします**。メールで詳細を伝えましょう。

たとえ口頭でもいちど決裁したのは社長です。現場に下りたときに翻った事実と理由、経緯、それに「前向き」なのか「後ろ向き」なのかを包み隠さず伝えましょう。

なにしろ新規開拓です。失うものはありません。決裂覚悟での巻き返しです。それによって現場担当者の真実の姿が社長に伝わり仕切り直しとなって、起死回生でのクロージングもあり得るのです。

13 社長が「購入してくれた理由／くれなかった理由」を「言語化」「分析」せよ

クロージングに至ってうれしいとき、それができなくて残念なとき、多くの営業パーソンはその結果だけを受け止めておしまいにします。次に活かしていません。

大切なのは「結果」だけで終わらずに、その「経緯」「理由」「評判」を明らかにすることです。それをしっかり訊いて考察しないと、営業パーソンとしての進歩はありません。

「どこが良くて購入してくれたのか」「それが御社（の社員）にとってどのように好ましいと思ったから購入してくれたのか」。「競合商品は何か。それと比較してどんな点が優れていると判断したのか」。それとも「なんらかの社会的背景から購入してくれたのか」。

「何がボトルネックとなって購入してくれなかったのか」「社員のどんな声を反映して購入を見送ったのか」。「競合商品は何か。それと比較してどんな点が劣っていると判断したのか」。それとも「なんらかの社会的背景から購入を見送ったのか」。

これらの**「購入してくれた理由」「購入してくれなかった理由」に付随した「経緯」「理由」「評判」を訊き出し言語化することで、その商品の「SWOT分析」ができます。**また、それをその都度行えば分析のアップデートができます。

ちなみに「SWOT分析」とは、経営・マーケティング戦略を策定するためのフレームワークです。競合や法律、市場トレンドといった自社を取り巻く「外部環境」と、自社の資産やブランド力、さらには価格や品質といった「内部環境」を、プラス要因とマイナス要因に分類して分析するという手法です。

Strength（強み）…自社商品の長所や得意とするところ（内部環境のプラス要素）。
Weakness（弱み）…自社商品の短所や苦手とするところ（内部環境のマイナス要素）。

Opportunity（機会）…社会や市場、競合の変化などにより、自社商品にとってプラスに働くところ（外部環境のプラス要素）。

Threat（脅威）…社会や市場、競合の変化により、自社商品にとってマイナスに働くところ（外部環境のマイナス要素）。

これらを明らかにすると、その商品の本質が見つかります。また、その商品の将来的なリスクも見つかるのです。そして、それらを適宜、次のセールストークに活かしていくことができる。つまり、クロージングの確度を高めていけるというわけです。

そうです。**「商品の本質を知る（SWOT分析）には、顧客（社長）から直接訊くことがいちばん」**なのです。

なお、「購入してくれた理由」「購入してくれなかった理由」はかならず社長から直接訊き出してください。現場担当者だと当事者意識が低く、それが把握できていないことが多いためです。

14 「担当者に訊いたら必要ないと言われた」という社長からの回答にはこう対処せよ

Zoom面談では前向きになっていた社長。ところが、後日確認の一報を入れると「担当者に訊いたら必要ないと言われた」とあっさりと現場の事情で断ってくるケースは少なくありません。

そこで「もう少しくわしくその理由を」と訊くと、社長からの回答はだいたい2つに分かれます。

ひとつは「この商品の導入を進めたものの、当該部署では○○という状況があった。なので……」と社長は進めようとしたがなんらかの事情があって不可能だったことがわかる、**こちらが納得できるパターン**。

もうひとつは、「くわしくはわからないが、現場から不要だという返事が上がって

きたから」という、**まったく主体性のない、納得できないパターン**です。

このとき、前者であなたが腹落ちできたのであれば、ここは引き下がって次のチャンスを窺いましょう。

しかし、後者で納得できない場合はどうするか。迷わず**「見送りになった理由を上司に報告する必要があるので、現場担当者をご紹介ください」**と申し出ましょう。

この申し出は決して営業窓口を社長から現場担当者に変更するという目的ではありません。

現場担当者を引き合わせることに難色を示す社長は、その商品を社内で真剣に検討する段取りをとっていない。あるいは現場担当者に話すことすらしていないということがわかります。そこで初めて、アクションをとってもらうよう促せるのです。

このとき、そういう社長は「もういちど確認してから連絡するよ」などという答えを返してきます。そうなれば、**初めて社長は動いてくれて、クロージングへ向けて進捗していくことになる**のです。

15 社長クロージングのあとに「丸投げされた現場担当者」には細心の気配りを

社長クロージングができたら、その次は、実働部署の部課長クラスあるいは担当者（合わせて「現場担当者」とします）に振られることになります。

この際、単に「丸投げ」されるケースがほとんどです。もっとリアルな言葉で言えばいわゆる「むちゃ振り」です。

現場担当者は社長からの指示なので基本的に断ることができません。でも、資料を渡されるだけで「これ、やるから。あとは頼む」と言われても戸惑うばかりです。社長はただ実行する旨を言い渡すだけで、経緯や内容（ディテール）を伝えてはくれません。すると現場担当者は途方に暮れることになります。

「本来ならば自分からボトムアップで決めたいのに、面倒な社長トップダウンのむ

ちゃ振り仕事が突然降ってきた」と現場担当者は考えます。ほかにも業務がたくさんあるのに、社長マターの仕事が増えて怒りさえ感じることになります。

そこであなたはどうすべきか。

もっとも好ましいのはさっそく現場担当者とリアルに面会して意思疎通を図ること。これができればおおむね解決できます。しかしこれが不可能な距離・タイミングであった場合にどうするかが問題です。

現場担当者にリアルで会えないのであれば、なにより先にZoomでの面談を申し出ましょう。忙しい現場担当者は手間が増えるので歓迎的ではないかもしれませんが、「お互い齟齬のないよう経緯～詳細の説明をZoomでしたい」と願い出ましょう。

メールと電話でのやりとりだけでも実務ができないわけではありません。しかし、そうすると現場担当者とは心が通い合わないままになってしまい、決して良好な関係構築がなされることはありません。

たとえばトラブルの際には敵対的になるばかりですし、現場担当者の協力が不可欠なリピートも期待できないでしょう。**たとえリアル対面でないとしても、顔を見せ合うZoomの効果は絶大**なのです。

物事を遂行するには現場担当者の前向きな業務への取り組みが欠かせないのは明らかです。あなたはとにかく「現場を全力でフォローするという意識」を持ち、「細心の気配り」をしましょう。**現場担当者を大切なパートナーと位置づけ、引き立てていきましょう。**

ちなみに、最もまずい対応は社長からダイレクトに仕事をもらったのは自分だからと「社長の代理気取り」で現場担当者への配慮を忘れること。それはあなたの言動に如実にあらわれてしまい、現場担当者はネガティブに反応します。いわゆる「総スカン」状態になってしまうので、絶対にあってはならない行いです。

16 「丸投げされた現場担当者」とのメールでは「社長CC」を外さない

前項で社長クロージングのあとは「現場担当者を大切なパートナーと位置づけ、引き立てる」と書きました。しかし、その一方で厳格に守ってほしいことがあります。

それは**メールでかならず「社長CC」を入れること**です。

実は「最初のテレアポの際、社長と直接話してZoom面談の約束を取り付ける」ことにこだわるのは、こういう意味合いもあるのです。つまり、社長の口からZoom用の社長自らのメールアドレスを訊き出すことが、クロージング後の現場担当者とのやりとりに活きてくるということです。

「現場担当者を大切なパートナーと位置づける」ということは重要ですが、それは

それ、これはこれです。**そもそもこの仕事は社長からの仕事だということをにおわせたままにすることが重要**なのです。

実際のところ「社長ＣＣ」を入れても社長はメールを見ないかもしれません。しかし現場担当者には緊張感をもたらし、社長の睨みを効かせる意味があります。

しかし、「社長ＣＣ」を嫌ってメール送受信の途中でそれを外す現場担当者はいます。そうならないように現場担当者との最初のメールに「＊状況報告として『社長ＣＣ』を入れさせていただきますことをご了承ください」と記載してあらかじめコンセンサスを得ておきましょう。

少なくともその業務が確実に遂行されるまでは「社長ＣＣ」は外さないように進めてください。

1 クロージングで意思表示のない社長には

これまでの営業の常識

☑ 打開策がないので「まずはご検討ください」と言ってその場を終えるのが良策

社長ダイレクト営業の新常識

☑ **「やるとなったら、いつからどれくらいやりますか？」などと果敢に心に点火させる**

2 「やりたい」「役員会で諮りたい」「見積がほしい」という社長には

これまでの営業の常識

☑ クロージングはほぼ間違いないので、特にこちらからは仕掛けない

社長ダイレクト営業の新常識

☑「ここで担当者を紹介してほしい」「社長の携帯番号を教えてほしい」と畳みかける

3 クロージングに臨んだ結果をどう受け止めるか

これまでの営業の常識

☑クロージングに至ったとき・至らなかったとき、その結果を受け止め、次へ進む

社長ダイレクト営業の新常識

☑購入してくれた理由・くれなかった理由を訊き出し「SWOT分析」して次に活かす

「全国の社長から仕事が獲れるZoom営業」

序章　なぜ、いまこそ中小企業の「社長ダイレクト営業+Zoom面談」なのか

▼

第1章　「全国の社長から仕事が獲れるZoom営業」企業の発掘・リストアップ篇

▼

第2章　「全国の社長から仕事が獲れるZoom営業」テレアポ篇

▼

第3章　「全国の社長から仕事が獲れるZoom営業」Zoom面談～心構え・事前準備篇

▼

第4章　「全国の社長から仕事が獲れるZoom営業」Zoom面談～本番篇

▼

第5章　「全国の社長から仕事が獲れるZoom営業」Zoom面談～クロージング篇

▼

第6章　「全国の社長から仕事が獲れるZoom営業」リピート化とご紹介、関係構築篇

いまここ

第6章

「全国の社長から仕事が獲れるZoom営業」

リピート化とご紹介、関係構築 篇

1 社長クロージング後の訪問では「社長単独」でなく「社長＋現場担当者」にこだわれ

Zoom面談による社長ダイレクト営業でクロージングに至り、仕事が動き出しました。懸案事項の現場担当者とのやりとりも問題なく進んでいると仮定してください。

そんな状況だと、あなたはその企業を訪問することを忘れてしまいがちです。良好な関係が構築できたように思えるからです。特にその企業が遠方だったりすると会社への出張申請や費用の問題もあって億劫になってしまいます。

しかし、あなたは**かならず「現場担当者とその商品のやりとりをしている間のうちに」その企業を訪問してください**。

そして、その顔合わせでは「社長単独」ではなく**「社長＋現場担当者」との面会にこだわってください**。企業トップなのでついつい社長との面会を優先してしまいがちですが、現場担当者との交流が大切なのです。ここが落とし穴です。

もちろんその際、当該部署のみなさんが片手で手軽につまむことができるような菓子折りの持参は必須です。

まずは「社長＋現場担当者」にご挨拶。その場ではおもに社長との会話になるでしょう。おおむね社長とコミュニケーションがとれ、その場があたたまったあたりで、あなたは「現場担当者と詳細な打ち合わせをしたい」と申し出てふたりになります。

なお、社長の去り際に「社長、Facebookの友達申請していいですか？」と投げかけるのを忘れずに。この「友達関係」がその後の社長とのフランクな交流づくりに活きてきます。

そして、さっそく**現場担当者には改めてクロージング後の業務に取り組んでくれていることへのお礼を伝えてください。**「現場担当者である□□さんが一所懸命取り組んでくれているのでわが社の商品の導入ができている。本当にありがとうございます」と、身体全体で感謝の気持ちを表すのです。

ふたりの会話の中で、現場ではこんな声があった、こんなに大変な調整作業があった、実はこんな問題も生じている……など現場担当者から愚痴のひとつふたつを聴くことができればしめたもの。それはあなたに心を開いてくれた証でもあります。

このような本音のやりとりはＺｏｏｍ面談ではなかなか難しいでしょう。もちろん、社長同席ではあり得ません。

現場担当者と打ち解けることで、次のタイミングでのあなたの商品のリピートや新たな仕事の可能性が出てきます。現場担当者にあなたが認められ、あなたへの好感度が高まらない限り、そうなることはありません。そういう意味で現場担当者との顔合わせが大切なのです。

2 社長に一生忘れられないために、長くこまめに出したいアナログハガキ

社長との長いおつきあいを築くためにはどうすればよいでしょうか。

それは**「手書きによるハガキ」**です。しかも、一度きりではなくこまめに送るのです。

現代はデジタルによるコミュニケーション全盛の時代。ハガキを送る営業パーソンはなかなかいません。これが現場担当者ではやや重すぎる感がありますが、社長ならばまさに最適だといえます。社長の年齢や性別は問いません。

また、メールだと思わずスルーされてしまう恐れがありますが、ハガキなら間違いなく手に取ってくれ読んでくれます。そしてその都度、あなたのことを思い出し、イメージを高めます。

ただし、オモテウラともに「手書き」であることが条件です。宛先の住所・社長名

を印字してプリントすることも可能でしょうが、あくまでも「全面、手書き」に徹しましょう。一部の印字と比較すると、受ける印象が段違いによいからです。

では、ハガキを送るタイミングはいつでしょう。

まずは誰しも思い浮かぶ年賀状。実際のところ、社長にはたくさんの年賀状が届くため埋没してしまう恐れが大きくアピール度は低いのです。

それよりもオンライン面談への御礼、訪問への御礼というふうに**社長と接触するたびに郵送する御礼ハガキ**。また、**暑中見舞い**、**クリスマスカード**。そして**バースデイカード**など。年末に社名入りのカレンダーにレターを添えて送るのも効果的です。

これらを手書きで出す営業パーソンは貴重なのでアピール度は抜群です。いずれにも社長に直接話しかけるようなやさしいひと言を忘れずに記してください。

ちなみに、**自分の字が下手だと思っている人こそ「手書き」は効果的**です。たとえ字が美しくなくても「とにかく丁寧に書く」ことを心がけてください。その字を見

た社長は「決して器用ではないかもしれないが、堅実でまじめな営業パーソンだな……」という良い印象を持ってくれることでしょう。

むしろ、自分を達筆だと思っている人こそ要注意です。そういう人は「早く、雑に書く」習慣がついていることが多いからです。それでは逆効果なので、充分に留意してください。

そして、こういった**こまめなハガキが土台となって、はじめてたまに送るメールやFacebookメッセンジャーなどのチャットが活きてきます**。不定期に送信するメールには社長が興味を持ちそうな業界動向や同業種の企業の情報など、新聞やネットメディアに掲載された記事でよいので添付して送りましょう。

「これくらいの情報なら社長には必要ないかもしれない」「きっとすでに見ているだろう」と思うのは杞憂に過ぎません。たとえそうだとしても「この営業パーソンは自分のことを気にかけてくれている」と感じてもらうことが目的だからです。

3 社長からの「社長仲間のご紹介」を引き出す効果的な2つのステップ

社長クロージングのあとに「社長＋現場担当者」を訪問した際、社長との会話であなたが重点的にアピールしたいこと。それは、**「いかにその商品の評判が良いか。各社からの評価が高いか」ということ**です。

しかし、饒舌な社長だとそのペースにはまってしまいあなたが話す間がないまま社長との面会が終わってしまうこともあり得ます。そうなったときのために**「商品の導入事例や評判／評価」をわかりやすくペライチにまとめた紙を社長用と現場担当者用の2枚用意しましょう**。

ここで重要なのは社長にそのくわしい内容を理解してもらうことではありません。

なんとなく「やはり評判の良い商品なのだな」「自分自身が決めて良かった。間違いなかったな」と実感してもらうこと。そして、「これなら知り合いの会社（社長仲間）にすすめてみてもいいかな」と直観的に思ってもらうことです。

そして、あなたは社長との別れ際に「この商品はこれまで多くの社長さまからご紹介いただき感謝されてきました。社長。よろしければ、お親しい社長をご紹介ください」と爽やかに言い放ち、印象を残します。このとき**「社長直々に面と向かって堂々と紹介をお願い」することが重要**です。言うまでもなく「自分が決めた間違いない商品」ですから社長も広めたいと思っているからです。これが1つめのステップ。

そして、その後、ほどなくして社長宛てに「御礼」として社長のご家族用に有名百貨店の食材をお送りします。その中には「〇〇社長のお仲間で□□□（商品名）にご興味を持っていただけそうな社長さまがいらしたらぜひとも私にお声がけください」と**さらりと記した一筆箋を忍ばせます**。これが2つめのステップです。

中小企業の社長には地域の社長仲間とのおつきあいが頻繁にあります。この2つのステップでなんらかのご紹介をしていただける可能性が高くなります。

もしもご紹介いただけたならば、紹介してくれた社長に忠誠を尽くす意味でもしっかりと営業をしてクロージングし、抜かりなく業務を遂行していきましょう。

このくり返しで「社長から社長仲間へのご紹介営業」をつなげていくことができます。

4 社長との長いおつきあいのためには知識・教養に貪欲になれ

社長クロージングができ、仕事が獲れて、現場担当者とも良好な関係を築くことができたあなた。では、その先には何があることが望ましいでしょうか。

それは**「社長との（仕事抜きでも成り立つ）長いおつきあい」**でしょう。

では、どうすればあなたの存在を社長の心の中にずっと残すことができ、より素晴らしい関係になれるでしょうか。

それは**「社長との情報や知識・教養の共有」**と**「あなた自身の知識・教養のアップデート」**です。

社長との商談や会食、ゴルフ、移動時間。そんなとき、あなたは（仕事の話のほか

に）どんな話に花を咲かせられますか？　どんな話なら相手に合わせることができますか？　ということです。

　まず会話の入り口は、たとえば、お天気やスポーツの結果、おいしいお店、旅行、共通の趣味などの話題でしょう。

　そしてその先には、政治、経済、国際情勢、金融、社会問題、語学、歴史、宗教、文学、哲学、音楽、美術、映画、演劇……。**さまざまな分野の会話のキャッチボールができたなら、あなたの価値や魅力はさらに高まります。**

　これが「すぐに役に立たない学び」「仕事には関係がなさそうな知識・教養」こそが大切だといわれる所以です。**あらゆる知識・教養は、年齢や経験・職位が高まっていくにつれてますます必要になっていくもの**なのです。

　さまざまな知識・教養、情報のアップデートがあれば、雑談に花が咲いて、さらなるビジネスにつながる可能性が高くなっていくのです。

すなわち、視野を広げた情報収集・知識の蓄積。それらをもとにした雑談によって相手の「信用」が得られる。さらに、相手の「共感・共鳴」が得られる「独自の考え」を提示できる。「共感・共鳴」が得られれば、それで「信頼」がつかめる。「信頼」が得られれば、大切な「人生のビジネスパートナー」に変わっていく、ということです。

私の経験則でいえば、**社長が特に好む教養のテーマは「経済・金融・歴史・宗教・芸術」**。そういった情報をタイムリーに効率的に得るためには、やはり新聞です。

近年、新聞の購読者は減少の一途ですが、全国の私がリスペクトする社長は、老若男女問わず新聞を読んでしっかりと情報収集をしています。

紙面でもデジタルでも構いません。ぜひともあなたも新聞によって日々努めて知識・教養を高めていきましょう。

5 社長と長いおつきあいになれば、「かけがえのない関係」「人生の同志」になれる

日常のあなたの絶え間ない努力によって知識・教養が高まれば、自らの引き出しの数が増え、あなたの価値が高まっていきます。

そして、自分以上のレベルの社長に認められ、共感を得られた結果、長いおつきあいをすることができるようになるということです。

あなたが社長より年下ならとことん可愛がられましょう。また年上なら社長の相談相手になりましょう。いずれも社長に認められ信頼されたからこそ成り立つ関係です。

そのようにお互いを認め合う間柄になれれば、全国の社長とあなたは仕事の関係を

超越した「かけがえのない関係」「人生の同志」になります。そうなれば、社長は**「あなたがより高みを目指していくための貴重な仲間・パートナー」**にほかならないのです。

そして、ここからあなたに心がけていただきたいのは「ギブアンドテイク」でなく**「ギブアンドギブ」の気持ち**です。

全国の社長が単なる仕事先・営業先という意識から「貴重な仲間・パートナー」にレベルアップした以上、「与えた見返りになにかをもらう」という考えはなくしてください。

あなたは常に社長に対してギブしていく。そして、あなたの存在を認めた社長もあなたになんらかのかたちでギブしてくれる。この関係こそがお互いを認め合い、困ったときに支え合う「本物の人間関係・信頼関係」だと思うのです。

重要な差別化ポイント

1 クロージング後、仕事が動き出したあとは

これまでの営業の常識

☑ 現場担当者よりもなによりまだ会えていない社長のもとへ馳せ参じてご挨拶

社長ダイレクト営業の新常識

☑ **社長＋現場担当者を訪問してご挨拶。特に現場担当者に感謝の意を示して語り合う**

2 社長との長いおつきあいのために

これまでの営業の常識

☑ 昨今の主流であるSNSやメールだけでコミュニケーションを図っていく

社長ダイレクト営業の新常識

☑ **こまめに出す手書きのハガキを主体とし、たまに送るメールやSNSで際立たせる**

3 人生における全国の社長とあなたとの関係

これまでの営業の常識

☑ 相手は社長だから、主従関係は変わらず。一生、お客さまのまま

社長ダイレクト営業の新常識

☑ **知識・教養を高めて仕事の関係を超越した「かけがえのない関係」「人生の同志」に**

おわりに

「全国の社長から仕事が獲れるZoom営業」で、あなたの営業人生に大輪の花を咲かせよう

いわゆる「営業スキル向上のための本」が数え切れないほど書店に並んでいる中、本書を手に取り、最後まで読んでくださったあなたに厚く御礼を申し上げます。誠にありがとうございました。

営業パーソンであるあなたに、本書が「新たな気づきと希望」を与えることができたのであれば、このうえなく幸せに思います。

昨今、社会全体がデジタルトランスフォーメーションの推進に舵を切ってきた中で、新型コロナ感染症によって私たちの生活スタイルは大きく転換、多様化しました。

その中でも特にスマホを媒介とするSNSを中心としたコミュニケーション手段はなくてはならないものになりました。もちろん、私自身もSNSがライフラインそのものになっていて、たとえば、LINEやFacebook、Twitterがない生活など考えられません。

ただその一方で、私は現代では何においてもアナログ&デジタル、いずれかに偏らず、双方のメリットを最大限に活用することが最適解だとも考えています。

それはたとえば、通信手段（ハガキとメール）や、メディア（紙メディアとデジタルメディア。音声通話とSNS）がわかりやすい例ですが、それぞれをTPO、そしてターゲットに応じてバランスよく役立てること。これが重要だと思っています。

そして、その最たるものが社長ダイレクト営業のための「テレアポ（アナログ）」と「Zoomによるオンライン営業（デジタル）」なのです。

ＶＵＣＡの時代を生き抜く営業パーソンになるためのひとつの答えとして「誰を営業対象（社長）とし、何でアプローチ（テレアポ）して、何でセールス（Ｚｏｏｍ）し、何で長いおつきあい（対面フォロー、ハガキ、チャット）をしていくのか」。

さらには、いまこそ全国の中小企業の社長へ営業アプローチをすることの意義や、そのためのテレアポでの成果の上げ方、Ｚｏｏｍでもリアル対面に引けを取らない表現力・営業力を発揮する方法、そして全国の社長と長いおつきあいをするための心がけ。それらのすべてを本書で伝えてきました。

この時代、その気になればデジタルツールだけでそれなりの営業成績を上げることはできるでしょう。しかし、新時代の営業パーソンとして全国の社長をターゲットにするなら、アナログ&デジタルの両方が必要であることを充分にご理解いただけたと思います。

ぜひとも本書の「全国の社長から仕事が獲れるオンライン営業メソッド」で、あなたの営業人生に大輪の花を咲かせてください。本書を読んだあなたなら、かならずできるはずです。

結びになりますが、本書を企画・執筆するにあたりご指導・ご協力くださったすべてのみなさまに謝辞を述べさせてください。

ネクストサービス株式会社の松尾昭仁さんや大沢治子さんをはじめ、先輩、同期、後輩のみなさん。いつも元気づけてくれた家族。そして、私の執筆をあたたかく見守ってくださり常にサポートをしてくださった、ぱる出版の編集ご担当・岩川実加さんに心より感謝を申し上げます。本当にありがとうございました。

すべての営業パーソンがオンライン営業や社長面談に対するイメージを大きく変えて、もっとワクワクした輝ける日々を送ることができるようになることを心から願っています。

峯村昌志

峯村昌志（みねむら・まさし）

セールスパフォーマンスコンサルタント／経済セミナー講師

大学卒業後、東急エージェンシーグループほか広告会社・広告メディアなどを経て、会社経営に挑むも失敗。その後、日経メディアプロモーションに入社。「全国の中小企業の社長」をターゲットに絞った営業を展開し、研修商品をセールス。徐々に頭角を現し、優れた営業成績を残すようになる。しかし2020年春先、コロナ禍でリアル対面営業ができなくなり、数か月間ほぼ成果報酬なしという状態に陥る。そこで、営業のやり方を大きく転換。試行錯誤の末、オンライン営業「全国の社長から仕事が獲れるZoom営業メソッド」を独自に確立。コロナ前と比較して売上を140％にする。日経メディアプロモーションでの営業実績は全国の営業社員およそ200人中、2017年・2019年・2020年の新規開拓全国1位。2021年の研修セールス全国1位。また、経済セミナーの登壇回数は300回、受講者数はのべ5000名を超える。「社長ダイレクト営業」商標登録出願申請中。

［峯村昌志への講演、各種研修、
営業コンサルティングなどの
お問い合わせはこちら］ ▶

30分《ぷん》の面談《めんだん》だけで売上《うりあげ》140％達成《たっせい》！

社長《しゃちょう》ダイレクトZoom営業《えいぎょう》

2023年4月4日　初版発行
2023年5月8日　2刷発行

著　　者　峯村昌志
発 行 者　和田智明
発 行 所　株式会社 ぱる出版
〒160-0011　東京都新宿区若葉1-9-16
代表 03(3353)2835　FAX 03(3353)2826
編集 03(3353)3679
振替 東京 00100-3-131586

印刷・製本　中央精版印刷株式会社

ISBN978-4-8272-1392-8　C0034